LA TRATA DE PERSONAS COMO EXPRESIÓN DE LA DELINCUENCIA TRANSNACIONAL ORGANIZADA EN COLOMBIA.

Lissandra Cecilia Suárez López

Lissandra Cecilia Suárez López
Estados Unidos. 2015

1

Autor: Lissandra Cecilia Suárez López
Edición y corrección: Dager Aguilar Avilés
Diseño interior y de cubierta: Dager Aguilar Avilés
Proyecto. Editorial Honoris/Europa
Diagramación: Dager Aguilar Avilés

Sobre la presente edición:
© Lissandra Cecilia Suárez López, 2015
©Editorial Honoris-Europa(proyecto), 2015
Estados Unidos.
La Trata de personas como expresión de la delincuencia trasnacional organizada en Colombia
ISBN-13: 978-1522878438
ISBN-10: 1522878432

"A mis padres, amuletos de la suerte que inspiran nuestros ideales, y disfrutan estos momentos".

Agradecimientos

Seis largos años han transcurrido desde aquel día en que inicie el inolvidable camino de la vida universitaria. Seis años que pasaron rápidamente y lo que ayer era una ilusión hoy se vuelve realidad. Quisiera mencionar a todas aquellas personas que pusieron su empeño para que cada día se hicieran más fuertes mis pasos y por supuesto, a todos los cómplices que hicieron posible el presente Trabajo de Diploma.

A mi familia: donde son la fuerza y el motor de mi vida entera. Le agradezco a mi madre Vilma López Cúe, por ser mi soporte y la ayuda que siempre necesité. A mi padre Armando Manuel Suárez Hernández, por ser el ejemplo a seguir de mi vida. A los dos gracias y mil veces gracias, porque sin ustedes y sin la enseñanza que me trasmitieron toda mi vida, junto con los valores que me enseñaron, no hubiese sido posible estar donde estoy. Quiero que sepan que cuanto he hecho hasta hoy es para que siempre, donde quiera que estén, puedan decir mi nombre con orgullo. Los amo demasiado

A mis excelentes profesores y tutores: de corazón gracias por haberme guiado con mi formación y nunca dejar que desistiera. No puedo dejar de mencionar y agradecerles a los profesores, en especial a Alejandro Coya y al profesor Dager Aguilar Avilés, que más que profesores fueron un ejemplar que me enseñaron a amar el Derecho. A todo el Departamento de Penal que de una forma muy especial, llegaron a mí ser, enseñándome cual era mi vocación dentro de la facultad de Derecho, a todas muchas gracias.

A todos los especialistas que me brindaron su gran apoyo para hacer posible este Trabajo de Diploma como buenos profesionales y amigos: al Dr. Rodolfo Fernández Romo, que gracias a su agudeza e Ingenio hizo posible este trabajo. Gracias por conducirme con elegancia y eterna consagración por los caminos difíciles de esta investigación. Junto a esto adjunto el agradecimiento de permitirme hacer parte de su fuente de conocimiento.

A mi novio Rene Lorenzo Seguí, por hacerme tan feliz y demostrarme su cariño día tras día. Te amo muchísimo sobre todo por soportar mi mal humor y cargar también con mis problemas. Gracias por formar parte de mi vida.
A mis amigos y compañeros: Principalmente a Beatriz Crespo García, que fue mi apoyo durante todo mi carrera y además la hermana que siempre estaba ahí para levantarme cuando caía., a Darialys Pérez León, que más que una amiga fue mi consejera y fuerza espiritual, y por supuesto a todos aquellos que hicieron parte de mi vida universitaria, dejando una huella inolvidable en mi de alegrías y variables emociones.

A todos reciban mi más grato agradecimiento.

Índice General:

Abreviaturas

- CPC: Código Penal Colombiano.

- CPPC: Código de Procedimiento Penal Colombiano.

- Convención de las Naciones Unidas: Convención de las Naciones Unidas contra la delincuencia organizada trasnacional.

- DAS: Antiguo Departamento Administrativo de Seguridad de Colombia.

- DIH: Derecho Internacional Humanitario.

- Estrategia Nacional: Estrategia Nacional de lucha contra la trata de personas 2007-2012 (Decreto 4786 de 2008).

- ICBF: Instituto Colombiano de Bienestar Familiar.

- Protocolo de Palermo: Protocolo para prevenir, reprimir y sancionar la trata de personas, especialmente en mujeres y niños, que complementa la Convención de las Naciones Unidas contra la delincuencia organizada trasnacional.

- OIM: Organización Internacional para las Migraciones.

- WLW: Organización Women's Link Worldwide

Introducción:

La delincuencia va en crecimiento cuantitativo y especialmente cualitativo cada día, por esta razón es necesario combatir el delito, no con técnicas tradicionales de investigación criminal, sino que ellas deben irse perfeccionando incluso, si fuera posible, anteponiéndose a la criminalidad.

No cabe duda de que la ley se ve compelida a perfeccionar sus herramientas de prevención y esto se logra yendo más allá de las tradicionales técnicas de incriminación. No se puede discutir la magnitud de las organizaciones dedicadas al delito, en especial a aquellos que se relacionan con el terrorismo, la corrupción, el tráfico de estupefacientes, la trata de personas y el comercio de armas, entre otros.

Diferentes son las vías utilizadas por la legislación de los diversos países para la lucha y represión de los delitos mencionados anteriormente. En la lucha en contra de estas organizaciones delincuenciales radica el desafío de la sociedad moderna.

Sin embargo, no podemos dejar de lado el hecho de que, atendiendo los principios que fundamentan todo el sistema penal, la pretensión de pena y con ella de sus fines tiene límites. También los tienen los medios de investigación penal tendientes a la imposición de penas aún en busca de los fines pretendidos por ella, pues la persecución penal pierde legitimidad cuando ella no es ajustada al Derecho y a los derechos de los ciudadanos.

El crimen organizado por su impacto en el mundo debe tratarse con instrumentos jurídicos que permitan tener en cuenta sus diferencias cualitativas con la criminalidad convencional.

Se necesita una mejor comprensión de este fenómeno por parte de la población, ya que, el delincuente organizado es el enemigo primordial de la sociedad, pero también con estos mecanismos se pueden violar muchos derechos de los ciudadanos, por esta razón es importante que estén empapados de cada derecho y deber que ellos poseen.

Lo que sí es claro que el crimen organizado es un fenómeno que nos afecta a todos y es importante no quedarnos con los métodos tradicionales de control de delito, es necesario innovar y darle solución a los requerimientos de la política criminal dentro de la legalidad y efectivo control judicial.

En el procedimiento penal en la fase investigativa lo más importante son los procesos de inteligencia, es el único medio racional para trabajar en el control del crimen organizado y mejorar la eficiencia del sistema de justicia penal.

Las agencias de policía están caracterizadas por la investigación que realizan en la persecución de los delitos convencionales, donde la presentación de las pruebas lo hace ante los Tribunales, pero mientras se hable de investigación de crimen organizado se deben seguir modelos más complejos.

Existen técnicas avanzadas de investigación aplicable para estos casos de connotación global. Esas fuentes pueden ser públicas o abiertas y confidenciales cuando provienen de técnicas de vigilancia, grabaciones, informantes o agentes encubiertos, la escucha de los resultados del seguimiento electrónico, entre otras. Esta información les ayudara a obtener contactos, socios, la jerarquía del grupo, información biográfica de las personas, etc. lo importante es que esta información tiene que hacerse cumpliendo con los tramites de legalidad para no caer en delitos de violación a los derechos de los ciudadanos.

Las técnicas de investigación son como de averiguación, tanto de hechos delictivos como de los presuntos autores de los mismos, se utilizarán como medio extraordinario de investigación en el proceso penal, con la finalidad de permitir, fundamentalmente, la persecución de las redes de delincuencia organizada. Esto puesto que los sistemas tradicionales y clásicos devienen ineficaces por las peculiares características de estas tramas que crean un complejo sistema a su alrededor con la finalidad de permanecer en la clandestinidad, borrar sus huellas y conseguir mantener la impunidad de sus actividades.

Es necesario, por tanto, describir este fenómeno del crimen organizado, puesto que de la comprensión del problema que nos ocupa, podremos entender la magnitud de dichos actos que se encuentran al margen de ley. Entre los grandes delitos que realizan estas redes, se encuentra la Trata de Persona que, precisamente, constituye uno de los puntos de nuestro objeto de estudio.

Cuando se hace referencia a la criminalidad organizada, necesariamente tenemos que hablar de estructuras de poder organizadas jerárquicamente para desarrollar una actividad criminal específica. Actualmente, esta "especialidad" en la actividad criminal ha alcanzado altos niveles de actividad, acarreando un elevado coste social y económico para todas aquellas naciones que la sufren. . En el VII Congreso de las Naciones Unidas sobre "prevención del delito y tratamiento del delincuente" se señaló la preocupación por el crecimiento desmesurado de esta delincuencia en el ámbito internacional debido a la gran cantidad de "operaciones ilícitas" que se realizaban en aquel momento, traspasando las fronteras de los Estados en donde, los sistemas de prevención del delito más "efectivos", resultaban inocuos en la prevención del crimen organizado; estos criminales, aprovechando lagunas legales, políticas criminales inadecuadas, contradicciones de los ordenamientos penales, corrupción estatal y cualquier deficiencia del sistema operaban con mayor efectividad en su vida criminal.

Por su parte el tipo de globalización que estamos sufriendo esencialmente neoliberal, agudiza las causas que potencian el crimen organizado, ello sucede porque las políticas neoliberales tienden a la exclusión social y a la polarización injusta en el reparto de sacrificios y riquezas, aumentando los contingentes de marginados, lugar donde se nutren los grupos del crimen organizado. A consecuencia de este acelerado proceso que se ha desencadenado a finales del siglo XX, para la comunidad internacional ya no es una opción seguir refugiándose en ideas anacrónicas y resistiéndose ante este inminente proceso, la globalización, como un proceso de cambio social, económico y cultural, ha traído consigo incontables beneficios pero, inevitablemente, también ha acarreado una creciente trasformación y agilización de las estructuras y redes del crimen organizado.

El crimen organizado como se estudiara en nuestro primer capítulo, es quien tiene en sus manos, principalmente, el negocio de la Trata de Personas, tema que también estudiaremos en nuestro presente trabajo. Para estos grupos que actúan en contra de la ley y al margen de la misma, la trata de persona supone una fuente de beneficios muy grande y lo mejor es que el riesgo de ser descubierto es muy mínimo. A esta situación se le puede sumar la falta de voluntad o la falta de medios que tienen muchos Estados colocando en desventaja el combate con este gigante del crimen organizado.

El instituto humano de superación, es el que lleva a muchas personas a esa falsa idea de la vida fácil, que desgraciadamente, en la mayoría de los casos, no es más que un espejismo en el desierto, una mentira disfrazada de promesa, que estas redes desarrollan para atrapar a sus víctimas y así hacerlas presa de su maltrato. Bajo esta circunstancia, es obligación de los Estados prevenir y sancionar por todos los medios los abusos hacia las víctimas de trata de personas, por medio de la implementación de mecanismos para la detención de redes de trata y la disponibilidad de personas profesionales capacitados para llevar a cabo esta delicada labor.

A la esclavitud se le ha asignado diferentes nombres, según la etapa histórica. Uno de esos mencionados nombres es Trata de Blancas, que hacía referencia principalmente a la prostitución de mujeres. Este término, definido por el tratadista Cabanellas como ¨la explotación de la mujer, privada sino de su libertad por completo, si de honra o en parte, de los productos de sus comercio carnal¨.[1]

El termino de trata de blanca fue descartado con el pasar de los años, quedando en desuso ¨ por no corresponder a las realidades de desplazamiento y comercio de personas y tampoco a la naturaleza y dimensiones de los abusos inherentes a este flagelos¨[2]. Posteriormente, se implementó, el término de trata de persona o tráfico, por considerar que dicho término abarca no sólo el

---

[1] Diccionario Jurídico Elemental. Cabanellas, G. 2002. 25 Edición, único volumen. Colombia. Pág. 389

tráfico de mujeres, sino también el de hombres y menores.

La Organización de Naciones Unidas ha declarado que la trata de personas es un delito transnacional y puede ser considerado la forma moderna de la esclavitud.[3]

Es importante marcar que en todas las definiciones oficiales de trata se hace hincapié en los distintos momentos de los cuales se compone este delito: captación, transporte y acogida. Las personas que se ven involucradas en cualquiera de estas etapas, son sujetos activos del delito mencionado y, según la normativa internacional, así deben ser juzgados y castigados.

Quisiéramos hacer alusión a la diferencia que existe entre la trata de personas y el tráfico ilícito de migrantes, ya que se tiende a confundir mucho estos temas. En el caso de tráfico ilícito de migrantes, los migrantes consienten en ese tráfico. Las víctimas de la trata, por el contrario, nunca han consentido o, si lo hicieron inicialmente, ese consentimiento ha perdido todo su valor por la coacción, el engaño o el abuso de los traficantes. Otro aspecto para diferenciarlo es la Explotación. El tráfico ilícito termina con la llegada de los migrantes a su destino, en tanto que la trata implica

---

[2] Organización Internacional las Migraciones. La Trata de Personas. 2006. México.

[3] Office of the United Nations High Commissioner for Human Rights. 1991, junio. Fact Sheet No, 14, Contemporary Forms of Slavery. Recuperado el 12 de Agosto de 2008, de http://www.ohchr.org/english/about/publications.

la explotación persistente de las víctimas de alguna manera para generar ganancias ilegales para los traficantes. Y por último encontramos el elemento transnacional. El tráfico ilícito es siempre transnacional, mientras que la trata puede no serlo. Ésta puede tener lugar independientemente de si las víctimas son trasladadas a otro Estado o sólo desplazadas de un lugar a otro dentro del mismo Estado.

Colombia es una fuente significativa de trata de personas, sobre todo de niños y mujeres que son usados para explotación sexual. La mayoría de las víctimas son personas desplazadas, especialmente niños y mujeres que terminan explotados sexualmente. Las víctimas colombianas son reclutadas a través de ofertas de empleo, estudio o matrimonio, y los destinos de estas personas son España, Japón, Panamá, Hong Kong, Singapur, Malasia, Alemania, Perú, Chile, Suiza, Suecia, Tailandia, Reino Unido, Italia, Portugal, China, Filipinas, Holanda, Israel, entre otros. El motivo del tráfico es utilizar a las víctimas con fines de explotación sexual, trabajo forzado y esclavitud. Lo más preocupante y triste del caso es que la mayoría de los no son denunciados.

Según el reporte, el DAS[4] estima que entre 45.000 y

---

[4] El Departamento Administrativo de Seguridad (DAS) era el principal centro de inteligencia estatal de Colombia. El 31 de octubre de 2011 el presidente Santos expidió el decreto 4057 mediante el cual se suprime esa entidad. El DAS llevaba a cabo operaciones de control migratorio de nacionales y

50.000 colombianas trabajan como prostitutas fuera del país. No obstante, estas estadísticas son imposibles de verificar. En cambio, cada vez es más evidente que el conflicto armado en Colombia está impactando la trata de personas, pues al crear poblaciones de desplazados convierte a estos mismos contingentes humanos en personas vulnerables. Por eso se cree que este delito es mayor entre la población desplazada.

La trata de persona, en especial mujeres y niños, es una forma de crimen organizado. Este tema no es una novedad, por lo que el presente estudio, lejos de pretender el descubrimiento de nuevos elementos o la formulación de teorías sobre el tema, procura presentar una radiografía verdadera y objetiva de este tema en el sistema Colombiano, mencionando las debilidades y fortalezas. Trayendo a la luz, después de este estudio, las deficiencias del sistema y, así finalmente, de forma constructiva, formulas las recomendaciones pertinentes.

En el presente trabajo se ha realizado un estudio sobre la historia, principios, objetivos, fines, sujetos; así como las fuentes y los elementos codificadores del Crimen Organizado, además se abordó profundamente el tema del delito de Trata de Personas, haciendo énfasis en los principios fundamentales del ordenamiento jurídico del Derecho Penal colombiano. Mediante este trabajo pretendemos analizar porque es especialmente

---

extranjeros, protección de personalidades, Policía Judicial, antiterrorismo, entre otras.

importante el estudio del crimen organizado y principalmente le prestaremos bastante importancia al delito de trata o tráfico de personas. Como objetivo también se trazó el analizar el fenómeno del delito de trata de personas en Colombia y, Finalmente, se valida la importancia y viabilidad del tema, así como su contribución a la transmisión de conocimiento a los operadores del Derecho, la administración de justicia y la comunidad.

Es importante para la población nutrirse acerca del Derecho Penal y sobre este amplio tema. Con este trabajo esperamos que sea de conocimiento cotidiano para la población todo sobre los derechos y garantías que poseen las víctimas del delito de trata de personas y además brindarles una seguridad jurídica.

A continuación, y luego de haber expuesto algunos de los elementos que conforman la finalidad que se persigue con la investigación y de delimitar el área que pretendo abordar asumo como:

Problema de Investigación:

¿Son suficientes las normativas y principios del Derecho Penal colombiano para regular y combatir el delito de trata de personas y la atención a las víctimas del mismo?

A esta problemática, responde un presupuesto hipotético:

Hipótesis de Investigación:

El crecimiento desmesurado del crimen organizado en el ámbito internacional debido a la gran cantidad de operaciones ilícitas que se realizan en el mundo, es algo de gran preocupación de manera general para todos. Colombia es un país que posee muchos conflictos tanto interno como externos y por lo mismo no se escapa de la crisis de los delitos de las organizaciones criminales. No obstante Colombia es un país que se preocupa por combatir cualquier intento de crimen organizado y para eso ha creado y perfeccionado varias técnicas de investigación conocidas en el mundo entero, aunque esto trae como resultados modificaciones en el Derecho Penal y consecuentemente normas de protección al ciudadano para no dejarlo desamparado.

En consonancia con nuestro problema de investigación, llegaremos a señalar como objetivos si esas normativas y las técnicas de investigación utilizadas por el gobierno colombiano, son suficientes para combatir el delito de trata de personas.

Objetivos de investigación.

Objetivos Generales:

Fundamentar teóricamente y analizar si resulta aconsejable, o no, extender la protección normativa que se ha implementado al delito de trata de personas en Colombia.

19

Una meta como la anteriormente citada conlleva a la elaboración de objetivos parciales que tributen a su logro, los que asumiremos como:

Objetivos Específicos:

➢ Analizar y evaluar las posiciones doctrinales, legislativas y jurisprudenciales relacionadas al Crimen Organizado haciendo énfasis en el delito de Trata de Personas.

➢ Enumerar los principales factores que le dan vida al Crimen Organizado.

➢ Manifestar la importancia que tiene para el mundo y principalmente para Colombia combatir el Crimen Organizado y denunciar la Trata de Personas.

➢ Evaluar los posibles o eventuales derechos que poseen las víctimas del delito de Trata de Personas.

➢ Comparar las legislaciones de algunos países con la de Colombia en materia Penal, para identificar las posibles problemáticas.

➢ Elaborar propuestas que permitan mejorar las vías de protección establecidas por el ordenamiento legal colombiano a las víctimas del delito de Trata de Personas.

Los principales **resultados** se corresponden con los objetivos formulados y son los siguientes:

- La obtención de un material bibliográfico actualizado con los criterios más novedosos desde la óptica doctrinal y legislativa sobre el tratamiento jurídico del delito de Trata de Personas, para que pueda ser utilizado por los operadores del Derecho.

- Aporte de bases doctrinales a tener en cuenta para un mejor manejo de la protección de las víctimas del delito de Trata de Personas en Colombia. .

Variables:
- Dependientes.
1. Crimen Organizado
2. Trata de Personas.

- Independientes:
1. Crimen Organizado en Colombia.

Métodos de Investigación:

- Histórico - lógico: este método está relacionado al conocimiento de las distintas etapas de los fenómenos en su sucesión cronológica, por lo que permite conocer la evolución y desarrollo del objeto que se investiga, así como su conceptualización considerando sus particularidades esenciales. Este método nos permitió analizar los orígenes y la evolución del Crimen Organizado, así como el tratamiento doctrinal, legislativo y jurisprudencial que ha recibido. De esta forma analicé sus características en el ordenamiento jurídico Colombiano.

- Método analítico-sintético: Se integra por el desarrollo del análisis mediante el cual se descompone un objeto, fenómeno o proceso en los principales elementos que lo integran para ser vistos en su interrelación como un todo, uniendo lo general y lo singular en un todo vivo y concreto. Constituyó una guía constante para el desarrollo de la investigación.

- Jurídico comparado: posibilitó determinar las similitudes y diferencias entre los distintos tratamientos jurídicos que recibe el Crimen Organizado, especialmente la Trata de Personas.

- Gramatical: ayudo a realizar un adecuado uso de los elementos gramaticales empleados así como a interpretar correctamente todas las definiciones relacionadas con los temas abordados en el presente trabajo.

- Exegético: posibilita la interpretación de los documentos y normativas, para complementar los objetivos trazados desde el punto de vista investigativo.

- Teórico fundamentado: viabilizó un estudio que incluyó textos, jurisprudencia y publicaciones de diferentes países, lo que permitió fundamentar las tendencias más contemporáneas acerca de la magnitud del Crimen Organizado, así como el tratamiento legislativo que reciben.

TÉCNICAS EMPLEADAS:

- Análisis de datos: proporcionó un acertado estudio de datos y cifras numéricas obtenidas en otros trabajos investigativos de autores nacionales y extranjeros en relación con los temas instituciones abordados en la investigación.

- Encuestas realizadas a especialistas: su empleo permitió conocer las opiniones que sostienen diversos operadores del Derecho con relación con el tema del aumento desmesurado del Crimen Organizado.

- La consulta a expertos: se cotejó y examinó con los expertos acerca de varias teorías sobre cómo se ha de proteger a las víctimas del delito de Trata de Personas en Colombia.

- Estudio bibliográfico y legislativo: Nos permitió abordar el tema que nos ocupa desde diferentes aristas legislativas.

El presente trabajo de investigación fue realizada en Ciudad de la Habana y Ciudad Bogotá, Colombia, consultando las bibliotecas especializadas del Ministerio de Justicia, del Tribunal Supremo Popular, de la Unión Nacional de Juristas de Cuba, así como también la Biblioteca Nacional José Martí y la Rubén Martínez Villena del municipio Habana Vieja; así como en la Universidad Nacional de Bogotá y la biblioteca jurídica Dike Ltda... También se utilizó los espacios virtuales de búsqueda de información. Asimismo se efectuó un viaje Bogotá- Colombia para entrevistar a víctimas del delito de trata de personas.

Este Trabajo de Diploma se divide en tres capítulos, en correspondencia con los objetivos que nos hemos formulado.

El primer capítulo se centra en la evolución histórica del Crimen Organizado. El estudio de este tema es de gran importancia ya que, el Crimen Transnacional Organizado es el actor principal, el sujeto activo del delito de la trata, es el titiritero que mueve personas, gobiernos y que compra voluntades. Se estudian las tesis doctrinarias que hablan sobre el crecimiento desmesurado de este fenómeno que afecta al mundo moderno. Para poder obtener una verdadera dimensión del problema, se analizaron las características sui generis que posee el Crimen Organizado dentro del escenario mundial y como poco a poco este fenómeno ha ido ganando terreno en

Colombia, país de muchos conflictos internos.

El segundo capítulo hace referencia al fenómeno de la Tarta de Personas partiendo desde sus orígenes. Este capítulo contiene una reseña histórica de esta figura y cómo ha evolucionado desde la esclavitud, además como se conocía en tiempos antiguos de Roma y Grecia, pasando por la trata de blancas, hasta llegar a un consenso sobre el concepto moderno de este tema. Se analizan también las diferentes modalidades que existen de la trata. El trato que deben tener las víctimas de este delito, la relación de la trata de personas con otros delitos, entre otros temas que nos permiten una mejor comprensión del fenómeno, para así adentrarnos en la comprensión de la problemática colombiana.

El capítulo tercero, siguiendo la estructura lógica del índice de nuestra investigación, entrelaza los dos temas anteriores: el Crimen Organizado y la Trata de Personas. En esta parte de la investigación, se define particularmente estos fenómenos en el país de Colombia. Quienes son considerados víctimas o sujetos pasivos de este delito según la legislación colombiana. Además de brindarnos una fiel copia de como este fenómeno está afectando a ese país en particular. Finalmente, se delineo el marco legal tanto nacional como internacional que reglamenta todos los aspectos vinculados al tema de la Trata de Personas

Capítulo I: El Crimen Organizado.

Sumario: **1.Evolución histórica**. *1.2: Definición del Crimen Organizado. 1.3: Diferencias entre Crimen Organizado y Bandas Criminales. 1.4: Una revisión de los principales grupos criminales.1.5: La Globalización y el Crimen Trasnacional Organizado. 1.6: Factores que favorecen la globalización del crimen organizado.1.7: Tipos de Delincuencia Organizada. 1.8: Medios de Reacción. Prevención y Represión de la Delincuencia Organizada*

1. Evolución histórica.

Durante siglos, la región de Sicilia estuvo dominada por un sistema feudal que explotaba a miles de campesinos mientras una minoría gozaba de privilegios. Estas circunstancias se consideran decisivas para el surgimiento de la mafia. Por otro, la conducta delictiva se revelaba como la única manera de obtener privilegios en una sociedad que los reservaba sólo para los ricos terratenientes aliados de las autoridades políticas; pues a falta de una estructura de gobierno organizada y capaz de proteger a los habitantes de la isla, éstos se vieron obligados a fortalecer los vínculos familiares como alternativa para obtener seguridad. Por esta razón los lazos de sangre son tan importantes en la mafia.

Mafia es un término utilizado a nivel mundial que se refiere a una clase especial de crimen organizado. El término mafia ha sido incluido en el lenguaje común como sinónimo de crimen organizado y frecuentemente se habla de mafias de forma impropia para referirse a organizaciones criminales no italianas.

La Mafia nació en la región de Sicilia, Italia. En sus orígenes era una confederación dedicada a la protección y el ejercicio autónomo de la ley (justicia vigilante) y, más adelante, al crimen organizado. Sus miembros se denominaban a sí mismos mafiosos, es decir, 'hombres de honor'

En Italia se extiende desde mediados del siglo XVIII hasta la década del 50 cuando la actividad mafiosa se concentra sobre todo en el ámbito rural. Destáquese en este contexto la función represiva desenvuelta contra el movimiento campesino organizado, particularmente intensa entre los años 45 y 50, período de grandes luchas por la abolición del latifundio y la distribución de tierras y que finaliza hasta los años 50 cuando la reforma agraria pone fin al latifundio en Italia.

Con la unificación italiana, la situación no mejoró y las promesas de bienestar y desarrollo se vieron incumplidas. Los jóvenes eran reclutados para el servicio militar y la mayor parte de la población vivía en la miseria, a merced de la nueva clase que ostentaba el poder político y económico. Una vez más, necesitaba hallar alguna forma de protegerse del gobierno y encontrar medios eficaces de subsistencia. La naciente mafia se reveló como la posibilidad más efectiva para lograrlo, cobró mayor fuerza y se fue estableciendo como un poder alterno.

Hay evidencias sobre estructuras pre–mafiosas en los siglos XVII y XVIII en el periodo de unificación y formación del Estado italiano. Tiene su origen en el campo en los guardas que de una forma u otra garantizaban o trabajaban indistintamente a favor de los campesinos y los propietarios eran los llamados gabelloti[5] . Realizaban funciones de mediación acompañadas de prácticas extorsionarías contra los propietarios de la tierra, que justificadas por una real manutención del orden en el campo, podían tener en ocasiones hasta la forma de una administración de justicia privada.

La mafia siciliana se consolidó y ofreció al gobierno restablecer la calma en Sicilia. En realidad aprovechó la oportunidad para borrar del mapa a otros grupos enemigos.

La mafia, ahora aliada del Estado, aplastó movimientos obreros y miles de personas abandonaron la isla en busca de mejores condiciones de vida; la mayoría a Estados Unidos. De esta forma surgieron las organizaciones mafiosas estadounidenses que llegaron a rivalizar con la siciliana; florecieron con la llegada de la Ley Seca, en los años veinte.

En el desarrollo histórico de la mafia no podemos dejar de mencionar los grupos criminales que surgen y se desarrollan dentro de las comunidades de inmigrantes cuyas condiciones de vida son difíciles, muchas veces sujetas a la discriminación, las cuales desarrollan una especial proclividad para el agrupamiento y posterior involucramiento en actividades ilícitas.

---

[5] Gabelloti, custodios en fincas rústicas del Sur de Italia en ausencia de sus propietarios.

A principios de siglo los sicilianos emigraron a Nueva York, donde nace la Cosa Nostra como una sucursal de la mafia siciliana allá por los años 1908-1909.En su desarrollo no tardó en aprovechar las redes del crimen organizado de este país, especialmente durante la etapa de la prohibición de bebidas alcohólicas en la década de 1920[6]. Cuando la revocación de esta ley en 1933 puso fin al contrabando de alcohol, la Mafia se dedicó a otras actividades ilegales como el juego, la prostitución y, en los últimos años, los narcóticos. Esta rama estadounidense mantuvo los vínculos con la italiana y, al igual que allí, en la década de 1980 y 1990 sufrió fuertemente la persecución de sus principales jefes.

En aquel momento el capo del crimen o jefe de jefes era Vito Casio Ferro, dejando lugar a otros no menos famosos (Ignazio Saeta, Giussepe Masseria, Lucky Luciano, Al Capone, etcétera) pasaron los años y llego a convertirse en la organización criminal más poderosa de la vida contemporánea, la mafia, ha sobrevivido a las dos guerras mundiales y a cualquier oposición gubernamental dentro y fuera de los Estado Unidos, así como a cualquier cantidad de operaciones policiales anti mafia, que pretendieron desarticularla. Su poder no es solo económico, lo es también político, especialmente después de la II Guerra Mundial. Hoy casi un siglo

---

[6] Ver Anarte Borrallo, Enrique en Delincuencia Organizada. Aspectos penales, procesales y criminológicos. 1999. Universidad de Huelva. España.Sitúa en este momento el antecedente histórico de la criminalidad organizada como la conocemos hoy.

después del nacimiento de la Cosa Nostra, nos encontramos con que sus "familias" se encuentran además de Estados Unidos, diseminadas por todas partes en la península italiana, Roma, Milán, Turín, entre otras.

Con el paso del tiempo, el término mafia se ha generalizado y, en la actualidad, se emplea para denominar a grandes grupos dedicados al crimen organizado u otras actividades sospechosas (por ejemplo la mafia rusa, la Tríada china o los Yakuza japoneses.

La hipótesis más usual es que mafia procede del vocablo árabe mahya, 'bravuconería, jactancia, chulería'. En refuerzo a esta teoría hay que recordar que los árabes ocuparon Sicilia entre los años 965 y 1060.

Otros creen más probable que este término provenga de la antigua expresión toscana maffia, que querría decir 'miseria'. O del sustantivo árabe mu'afah, que significa 'protección de los débiles'.

Existen muchas otras teorías sobre el posible origen de la palabra mafia, cuyo uso comenzó a extenderse a mediados del siglo XIX. De acuerdo con algunas versiones, su primera mención aparece en un texto italiano del siglo XVIII contra la brujería, donde se le asociaba a las ideas de ambición y arrogancia.

Otros creen que el concepto alcanzó su significado actual en 1862 con el estreno de una obra teatral, llamada Los mafiosos de la vicaría. La popularidad de la obra fue tan grande que en Europa comenzó a llamarse mafia al crimen organizado, y ya en 1865 la policía usaba la palabra para referirse a esas agrupaciones.

En Italia hay cuatro mafias principales: La Cosa Nostra (Sicilia), La Camorra (Campania), la Ndrangheta (Calabria) y la Sacra Corona Unita (Apulia).

Hoy, la resistencia y solidez de las organizaciones criminales transnacionales en el mundo es evidente. Tanto así que los principales ejercicios de prospección del futuro, coinciden en que aquellas organizaciones y redes criminales que controlan los principales mercados e ingresos ilegales en América del Norte, Europa Occidental, China, Colombia, Israel, México y Rusia, continuarán en expansión en el mundo durante las primeras décadas del presente siglo.[7]

1.2 . Definición del Crimen Organizado:

Cuando con el transcurso del tiempo la delincuencia "común", llega a tal extremo de "evolución" o "perfeccionamiento"; cuando rebasa los límites de control gubernamental; cuando establece líneas especiales de operación basadas en un sistema complejo, tipo empresarial, bien estructurado en su comisión; cuando persigue a través de determinadas

---

[7] Ver Organizaciones Transnacionales ¨Espacios ingobernados¨ y la Doctrina emergente. Bernardo Pérez Salazar. (IADE)

acciones violentas la búsqueda del poder, ya sea político, económico o social, es cuando podemos decir, sin lugar a dudas, que estamos frente a un caso de delincuencia organizada.

Este tipo de delincuencia fue designada con la palabra "organizada", ya que se refiere a la "asociación", a la "sociedad", a la "corporación", al "grupo", al "sindicato", a la "liga", al "gremio", a la "coalición", en sí a la "unión", como forma de conjuntar esfuerzos en grupo; y con el empleo de la violencia, soborno, intimidación y fuerza, los delincuentes llevaban a cabo sus actividades ilegales.

La Delincuencia Organizada hoy es uno de los problemas más grandes que sufre la humanidad general y es que como podemos ver no pasa ni un solo día sin que veamos sus consecuencias directa o indirectamente. Cabe mencionar que este tipo de organización cuenta con un cabeza y con individuos disciplinados, todos siguiendo un mismo objetivo. La delincuencia organizada se ve alimentada por la falta de educación, y la carencia de valores. Los diferentes tipos de delincuencia organizada siempre han existido desde épocas inmemoriales, pero claro no con las dimensiones que hoy existen y con el nivel de sangre fría con el que se desarrollan y tratan de imponer su voluntad.

El Crimen Organizado, para los efectos del presente trabajo quisiéramos definirlo como la asociación habitual de un grupo de tres o más personas, cuya principal razón es la asociación para delinquir, o cometer actos que conlleven a la comisión de delitos. El Crimen Organizado tiene principalmente un propósito o fin económico y lucrativo, e incluso en algunas circunstancias, existen empresas y asociaciones legalmente creadas que forman parte del sistema de funcionamiento del grupo de Crimen Organizado.

Son entramados complejos con estructuras jerarquizadas y estratificadas que manejan enormes sumas de dinero, y que poseen la última tecnología que existe en el mercado, podríamos decir que son "delincuentes sofisticados". Se producirá una división del trabajo entre los distintos miembros de la organización, que poseen una altísima capacidad delictiva, lo que redundará en la facilidad para diluir la responsabilidad penal individual en el seno de la organización.

Asimismo, el entramado estructural está preparado para proteger a los dirigentes de la organización que son los que deciden y a los cuales resulta altamente complicado acceder. Estos "cerebros de la organización" distribuyen los roles en función de las aptitudes de cada uno de los individuos, que se encuentran sometidos a una férrea jerarquía, disciplina y control interno. Los integrantes de la estructura ilícita están vinculados frecuentemente por complejas relaciones de lealtad y confianza, por ello, en multitud de ocasiones, dichas organizaciones se desarrollan entre miembros de la misma cultura, secta, comunidad étnica o regional e incluso de la misma familia esto les lleva a actuar en secreto, lo que dificulta, aún más, las investigaciones de sus actividades ilícitas.

Con frecuencia, se produce además, lo que resulta altamente preocupante, el reclutamiento de jóvenes de ambientes marginales para participar en las actividades delictivas con la promesa de obtención de ganancias e incluso de la posibilidad de avanzar en el seno de la organización; piénsese en los jóvenes "correos de la droga".

Estas organizaciones son especialistas en hacer que desaparezcan las huellas y vestigios del delito, dada la anterior característica, es evidente que las organizaciones criminales poseen gran cantidad de medios a su disposición para tratar de que desaparezcan las huellas de los delitos que se hayan podido cometer; de esta manera, al destruir las posibles evidencias del ilícito generarán una dificultad extraordinaria, tanto para llevar a cabo la investigación del delito, como para que después, si fuese necesario por la apertura del juicio oral, pueda realizarse la prueba.

Tradicionalmente, los presuntos autores de un hecho punible han tratado de ocultar sus huellas, con la finalidad de evitar ser descubiertos. Esto es aún más acusado en las redes de delincuencia organizada por la gravedad de sus ilícitos y el peligro que supone para la organización que pueda descubrirse alguna de sus múltiples actividades ilícitas.

En la actualidad existen dos fenómenos que han contribuido a la expansión del crimen organizado, más allá de las fronteras de un Estado. Nos estamos refiriendo, por un lado, a la liberalización del comercio, circulación de personas, bienes y servicios, y, por otro lado, al enorme desarrollo de las comunicaciones. Ambas situaciones permiten a la delincuencia organizada instalarse en varios Estados, lo que va a incrementar de manera extraordinaria las dificultades, ya de por sí existentes para perseguir y controlar las citadas redes delictivas.

Otro fenómeno preocupante es la transnacionalización o, lo que es lo mismo, la cooperación entre diversas organizaciones criminales, incluso de diferentes nacionalidades, para facilitar la ejecución de determinadas conductas delictivas. Normalmente se pondrán de acuerdo redes que no compiten entre sí por el mismo mercado ilícito, sino que llevan a cabo actividades heterogéneas.

Esta preocupante situación dificulta de manera extraordinaria la persecución de este terrible fenómeno delincuencial. Piénsese, por ejemplo, en una red dedicada mayoritariamente al blanqueo de capitales que puede prestar su colaboración a otra banda que trafique, por ejemplo, con droga, a los efectos de "lavar" el dinero producto de su actividad ilícita.

Mafia es un término utilizado a nivel mundial que se refiere a una clase especial de crimen organizado. El término mafia ha sido incluido en el lenguaje común como sinónimo de crimen organizado y frecuentemente se habla de mafias de forma impropia para referirse a organizaciones criminales no italianas.

Los Grupos de Crimen Organizado tienen una estructura jerárquica cuidadosamente establecido y determinado. En esta cada uno de los miembros cumple con un papel especifico y necesario para la comisión de delitos, Las órdenes vienen dadas en un sentido estrictamente vertical, donde existen los jefes, jefes de grupo, los miembros de banda, ejecutores, colaboradores, informantes, etc. Los jefes tienen subordinados, los que deben cumplir con ciertas normas internas de comportamiento, como la "ley de silencio", "normas de la fraternidad", "normas de grupo". La disciplina entre los grupos de crimen organizado ha demostrado ser cada vez menos rígida. No obstante, dado a la estructura jerárquica que tienen los grupos hay un deber de obediencia de los mandos inferiores a los superiores.

La situación que acabamos de describir se une a que a una organización delincuencial no le preocupa, en manera alguna, utilizar cualquier método, por lesivo que sea, para tratar de eliminar los vestigios de sus ilícitos, tratando así de evitar ser descubiertos, investigados y, en su caso, posteriormente juzgados. Con ello, nos referimos a que en ocasiones una faceta más de la actividad delictiva es la llamada a ocultar o suprimir posibles fuentes de prueba que puedan en el juicio oral convertirse en medios de prueba. Habrá determinados individuos pertenecientes a la organización que tendrán encomendada dicha tarea. Para poder lograr todo esto,

37

estas organizaciones no dudan en extorsionar, chantajear, secuestrar a familiares de posibles futuros testigos, producir graves lesiones e incluso, en el peor de los casos, matar a aquellos que resulten potencialmente peligrosos para la organización. De este modo buscarán evitar los esfuerzos del Estado y de los poderes públicos para aplicar la Ley.

Esta característica vendrá íntimamente unida a la indiscriminada violencia con la que actúan, y por otro, a los intentos de convertir en corruptos a personas que ocupan puestos de responsabilidad en el sistema.

Estas redes no dejan de ser un negocio, ilegal, pero al fin y al cabo la delincuencia organizada, tal y como se estructura, podría definirse como una gran empresa que actúa en un ámbito ilícito de la economía, traficando, como parte de su actividad, con bienes extra comerciales.

La peculiar criminalidad que estamos analizando dedica, con relativa frecuencia, parte de sus esfuerzos a tratar de eludir la acción de la legalidad y la justicia por medio de la corrupción de personas situadas en puestos de responsabilidad. Hablamos de políticos, jueces u operadores económicos, tanto en entidades públicas como privadas. Es evidente que su enorme poder económico acabará por tentar a determinados individuos que pueden participar en la toma de algunas decisiones que, o bien, pueden entorpecer su actividad ilícita, o bien, pueden favorecerla.

En Noviembre de 1994, en Nápoles se celebró la Conferencia Mundial sobre Delincuencia Organizada Transnacional bajo los auspicios de la Organización de las Naciones Unidas (ONU).

Los gobiernos de muchos países luego de esto decidieron incluir este fenómeno entre los riesgos o amenazas a la seguridad interior e internacional, como por ejemplo el grupo de países más industrializados del mundo (el G-7) y el Consejo de Europa, y han alertado en diversas cumbres sobre los problemas que causa la delincuencia organizada transnacional, alentando iniciativas para contrarrestar su amenaza.

El Crimen es visto, para Haralambos y Holborn, famosos sociólogos ingleses, como "una realidad ligada permanentemente a las condiciones sociales". Sin embargo rechazan la teoría de que la pobreza y el desempleo son directamente responsables por el elevado nivel de grupos de rimen organizado, atribuyéndole su existencia, más a las relaciones familiares y la educación interrumpida, que a los factores anteriormente mencionados.

Algunos autores como Anderson sugieren tres razones que propician el desarrollo del crimen organizado, "la imposibilidad del Estado de asegurar el orden público, el control burocrático excesivo y basado en discrecionalidad, sin exactos límites legales y donde los criterios para la toma de decisiones no son claros y a la vez difíciles de monitorear y evaluar, lo cual posibilita el desarrollo de la corrupción en todas sus formas y la existencia de un mercado ilegal."

En la actualidad, no obstante de la región a la que pertenece, las formas de operación de los grupos de crimen organizado son la corrupción, la extorsión, el chantaje, el tráfico de influencias, la ingeniería económico financiera y los medios informáticos de vanguardia.

Las cifras que se manejan en estos días por delitos de estas organizaciones son escalofriantes: un ejemplo de esto lo encontramos en Colombia, donde más de 800 acciones violentas (casi tres al día) cometidas por esas bandas, frente a unas 350 de la guerrilla de las Fuerzas Armadas Revolucionarias de Colombia (FARC).

El año pasado hubo 15.400 asesinatos en Colombia y el 47% (unos 7.200) fueron cometidos por estos grupos de crimen organizado. Algunos de estos ataques se atribuyen a venganzas.

Como resultado del elevado nivel de actos delitos cometidos por el crimen organizado, el Diario "El Sol de México" anuncio que "La Procuraduría General de la República (PGR) anunció que los gobiernos de México y Colombia desarrollarán acciones simultáneas contra el terrorismo, secuestro, tráfico de armas, lavado de dinero, tráfico y trata de personas.

Esto, como parte de los acuerdos de colaboración alcanzados dentro de la VI Cumbre de las Américas, y de los trabajos para crear un sistema hemisférico contra el crimen organizado trasnacional."

La Cumbre de las Américas, estableció un sistema de pautas y contribuciones a la colaboración de los países en diversos temas de afectación regional, entre estos la situación del crimen organizado en América Latina y los Estados Unidos de América.

A nivel Global se puede decir que las constantes fluctuaciones de las economías emergentes y la aun existente crisis económica han de alguna forma influido en el crecimiento actual que existe de crimen organizado, el cual presenta ahora una dimensión internacional que dificulta una actuación eficaz contra él.

Además de lo anterior, ha habido un factor primario y necesario, el cual ha propiciado el crecimiento del crimen organizado: la globalización de la economía, a cual ofrece una serie de ventajas para los grupos criminales, como son la posibilidad de explotar puntos vulnerables en diferentes sociedades en concreto, la capacidad de operar desde lugares en los que la organización se encuentra relativamente segura frente a la persecución penal, bien porque carezcan de legislación en materia de crimen organizado, bien porque suelen poner trabas en la cooperación judicial internacional, la posibilidad de canalizar los beneficios de origen delictivo mediante un sistema financiero global que, hace cada vez más difícil seguir el rastro que establecen los mismos.

Después de haber expuesto lo anterior, no podríamos dejar de citar el concepto brindado por la Organización de las Naciones Unidas Contra la delincuencia Organizada Transnacional. (Convención de Palermo) la cual nos dice:

Por Grupo Delictivo Organizado, ¨ se entenderá un grupo estructurado de tres o más personas que exista durante cierto tiempo y que actué concertadamente con el propósito de cometer uno o más delitos graves o delitos tipificados con arreglo a la presente Convención con miras a obtener, directa o indirectamente, un beneficio económico u otro beneficio de orden material¨.

La criminalidad organizada posee algunas características propias según el país o la actividad a la que se dediquen, pero lo cierto es que la mayoría de estas características son muy comunes, ya que dentro de estas no se permiten lo errores, ni la traición y cuando esto sucede, como hemos explicado a lo largo de la investigación, acuden a medidas drásticas como la muerte.

Algunas de esas características son:

ACTIVIDAD DE GRUPO.- Se trata de una actividad que

se desarrolla por un grupo de tres o más personas[8], unidas solidariamente y durante cierto tiempo, con el fin de cometer delitos graves con miras a obtener ganancias y con ello acceder o influir en posiciones del poder económico, político y social.

ESTRUCTURA.- Este tipo de criminalidad se desarrolla dentro de un organigrama específico, dentro de la asociación criminal, en el cual cada uno de los miembros cumple con un papel específico y necesario para la comisión de delitos.

AUTORRENOVACIÓN.- El grupo o clan criminal se asocia con el carácter de perpetuar su actividad criminal, en la cual la eliminación del "jefe", "capo", "cabecilla", etc., no es un obstáculo para continuar con las operaciones criminales.

JERARQUÍA.- En los cuadros de organización de esta criminalidad, la autoridad en los grupos, las órdenes vienen dadas en un sentido estrictamente vertical, muy parecido a la jerarquía empresarial, en la cual existen los jefes, jefes de grupo, los miembros de banda, ejecutores, colaboradores, informantes, etcétera. Los destinatarios de estas órdenes deben obedecer las órdenes superiores.

---

[8] La Convención de Naciones Unidas contra la Delincuencia Organizada Transnacional establece en su artículo 2 a) un grupo de tres o más personas.

COACCIÓN.- Los subordinados al jefe y a la organización deben cumplir con ciertas pautas internas de comportamiento, como la "ley de silencio", "normas de la fraternidad", "normas de grupo", todas ellas fortalecedoras de la solidaridad interna del grupo; lo que en el fondo, no es más que coacción pura y que en caso de desobediencia o incumplimiento de cualquier "encomienda" trae consecuencias peligrosas para el que lo haya hecho.

MEDIOS.- Debido a su estructura, a su forma de operar, la criminalidad organizada, siempre está a la vanguardia en la utilización de cualquier cantidad de medios, para evadir la justicia penal: poder económico, abogados, tecnología informática, robótica, secretos industriales, blanqueo de capitales, manipulación de puestos claves en las administraciones públicas, sobornos, tráfico de influencias, corrupción, manipulación de los medios de comunicación, etcétera. Todo esto para poder operar criminalmente con la menor cantidad de barreras en sus operaciones criminales. Esta criminalidad, al contrario de la terrorista, trata de operar con la mayor discreción posible (casi anónima) tratando de no ser obvios en sus comportamientos a tal grado, que en muchas ocasiones aparecen como grandes benefactores de la sociedad.

DISCIPLINA-La disciplina entre los grupos de crimen organizado ha demostrado ser cada vez menos rígida. No obstante esto dado su estructura jerárquica hay un deber de obediencia de los mandos inferiores a los superiores.

MULTIPLES EMPRESAS-Las organizaciones criminales modernas muchas veces diversifican sus actividades criminales más allá de una simple empresa. Una OC que dependa sólo de un negocio tiene grandes riesgos, por ejemplo un pesticida puede destruir la cosecha de un año de coca o marihuana, o los detectores de droga pueden funcionar de una forma más eficiente, de ahí que muchas veces estos grupos desarrollen más de una actividad con el fin de asegurar su sobrevivencia ante alguna dificultad.

NEGOCIOS LEGITIMOS-Los negocios legítimos en muchas ocasiones funcionan como frentes ¨ legales ¨ y en otras ocasiones para lavar dinero, sin embargo la tendencia actual en los grupos de crimen organizado es hacerse de ciertos negocios ¨legales ¨ que le den una fachada legal además de ampliar sus posibilidades de actuación al crimen organizado.

1.3: Diferencia entre Crimen Organizado y Bandas Criminales:

Se indica que "organización criminal o delincuencia organizada en sentido estricto, no es sinónimo de banda criminal o delincuencia asociativa en sentido amplio". Determina una serie de diferencias entre unas y otras: en las bandas el delito viene determinado por el autor, en la organización criminal lo impone el cliente, se planifica y racionaliza el hecho delictivo al milímetro; en las bandas las personas que lo integran responden a un

45

número reducido con un fundamental papel de las relaciones personales, en las organizaciones sucede lo contrario, es decir, se sustituyen e intercambian sus componentes; las bandas tienen una vida muy breve, en las organizaciones se perpetúan los dirigentes y la propia estructura sobre el propósito puntual delictivo; la organización criminal tiene una fuerte jerarquía, códigos de conducta y estabilidad organizativa, cuestión que no sucede en las bandas; y finalmente, las bandas poseen un ámbito geográfico local, sin embargo el crimen organizado suele actuar a nivel internacional.

En el crimen organizado hablamos de cinco características; estas son: organización jerárquica, intimidación, leyes y sanciones internas, blanqueo del dinero criminal y compra de funcionarios.

1.4. Una revisión de los principales grupos criminales:

"Una mafia es una sociedad secreta y fraternal, de carácter criminal, basada en la obediencia y respaldada por una mitología, que practica un reclutamiento étnico, controla un territorio y domina a las demás especies criminales"[9].

A continuación realizaremos un breve recorrido sobre las que consideramos los holdings criminales más

---

[9] GAYRAUD, Jean-François: (2007) El G 9 de las mafias en el mundo. Barcelona: Urano

poderosos, atendiendo principalmente a su estructura y actividades transnacionales.

1. COSA NOSTRA (SICILIA).También conocida como la Honorata Sociedày sus miembros 'hombres de honor'. Compuesta por unos 5.200 afiliados integrados en unas 100 "familias", unas 70 en la Provincia de Palermo. La unidad básica de estos grupos es la familia. En la actualidad, Cosa Nostra siciliana está presente en Europa (Alemania, Bélgica, Chequia, España, Gran Bretaña, Rusia...), América (Antillas Holandesas, Argentina, Bolivia, Brasil, Costa Rica, Estados Unidos, Panamá, Uruguay, Venezuela...) y África (Sudáfrica y Angola) y mantiene sólidos contactos con Cosa Nostra de Estados Unidos, Camorra, 'Ndrangheta, mafias rusas, entre otras.

2. CAMORRA (CAMPANIA). En la década de 1990 se componía de unos 6.800 miembros agrupados en 111 familias, 25 de ellas en Nápoles y el resto en las provincias de Salerno, Caserta, en Benevento y en Avellino. Coloquialmente se reconocen como el Sistema. Estos numerosos clanes camorristas, cada uno dirigido por un caporegime, carecen de una estructura piramidal, de vértices provinciales o regionales constituyendo una miríada de teselas del gran mosaico criminal.

3. 'NDRANGHETA (CALABRIA). También conocida

como Cosa Nuova calabresao la Fibbia. Hacia 1995 estaba compuesta de unos 6.000 miembros agrupados en 150 familias o células, más de la mitad en Reggio Calabria. Se la considera la organización criminal más violenta y feroz de Italia. Son discretos, no gustan de la ostentación y están mejor organizados que los demás grupos italianos, alcanzando una mayor penetración tanto a nivel nacional como internacional[10].

4. MAFFIYA TURCA. También llamada Mundo subterráneo o Estado profundo. Surgen hacia 1945 colaborando con las mafias italianas en narcotráfico. En la actualidad sigue siendo su principal actividad, especialmente heroína, cooperando con grupos albaneses, y secundariamente en tráfico de armas, personas (creciente, área de tránsito desde China), órganos... y operan en Europa Occidental, con presencia destacada en Alemania, Grecia, Países Bajos, Gran Bretaña, España y Francia.

5. TRÍADAS (CHINA). Las Tríadas toman su nombre del triángulo sagrado Tin-Tei-Wui(Cielo-TierraHombre). Las principales bandas, la mayoría con sede en Hong Kong, agrupan unos

---

[10] DIREZIONE INVESTIGATIVA ANTIMAFIA (2005): en su página web http://www.interno.it/dip_ps/dia/semestrali/sem/2005/1sem2005.pdf

200.000 miembros[11], activas básicamente a nivel callejero y dedicado especialmente a la extorsión.

6. YAKUZA (JAPÓN). En la actualidad se estima que unos 86.000 Yakuza operan en Japón aglutinados en 25 federaciones. Durante buena parte del siglo XX la policía japonesa ha pactado[12] sigilosamente con ellos para controlar la delincuencia callejera.

7. COSA NOSTRA AMERICANA (ESTADOS UNIDOS Y CANADÁ)

En Estados Unidos Cosa Nostra se compone unos 1.000 miembros distribuidos en 26 familias activas extendidas por las principales ciudades del país.

8. MAFIAS RUSAS. Según Interpol en la actualidad existen unos 10.000 grupos o Bratva, que aglutinan un total de 100.000 componentes. También son conocidos, en su conjunto, como la Organizatsja. Destacan por su brutalidad: en

---

[11] Gayraud (2007: 118-120). Así, las bandas Sun Yee On y 14 K se compondrían cada una de más de 50.000 integrantes.

[12] Para A. Mizoguchi, autor del libro Fifth Generation Boss(sobre la banda Yamaguchi-gumi) los acuerdos tácitos entre los Yakuza y las autoridades son una tradición que se remonta al periodo Edo, en el siglo XVII, cuando actuaban como fuerzas de seguridad y afirmaban que sus negocios entraban dentro del límite de la legalidad. Desde siempre han tratado de evitar enfrentamientos con la policía.

periodos de guerras internas se han computado más de 800 muertos al año.

Existen otras entramadas organizaciones delictivas, pero brevemente queríamos señalar las más importantes y nombradas en el mundo y así destacar los nombres de esas organizaciones que tanto daño hacen al mundo.

1.5. La Globalización y el Crimen Trasnacional Organizado.

La Globalización es un proceso que afecta al espacio territorial del Estado y su soberanía; representa un aumento e intensificación de las interconexiones mundiales con un declive en la significación de la territorialidad y las estructuras estatales. Anthony Giddens definió la globalización como "la intensificación mundial de las relaciones sociales que enlazan localidades distantes de tal forma que los acontecimientos locales son influidos por eventos que ocurren a muchas millas de distancia y viceversa[13].

La globalización que estamos sufriendo esencialmente neoliberal, agudiza las causas que potencian el crimen organizado, ello sucede porque las políticas neoliberales tienden a la exclusión social y a la polarización injusta en el reparto de sacrificios y riquezas, aumentando los

---

[13] Un mundo desbocado: los efectos de la globalización en nuestras vidas (Runaway World, 1999)

contingentes de marginados, lugar donde se nutren los grupos del crimen organizado. Como ejemplo de esto, muchos países en desarrollo enfrentan una grave desigualdad social y económica asociada a una pobreza persistente, a un desempleo creciente, a la pérdida de los modelos tradicionales de comercio y a una crisis cada vez más acentuada de la seguridad económica. Situaciones que llevan a que las personas decidan migrar hacia países con mayores oportunidades, para tener una mejor calidad de vida; esto quiere decir que ven en la migración la salida a la crisis.

Según la OIM,[14] la migración es definida como el movimiento de una persona o grupo de personas de una unidad geográfica hacia otra a través de una frontera administrativa o política con la intención de establecerse de manera indefinida o temporal en un lugar distinto a su lugar de origen. Esto, ocasiona la pérdida del poder tradicional del Estado sobre los movimientos migratorios de las personas.

A consecuencia de este acelerado proceso que se ha desencadenado a finales del siglo XX, para la comunidad internacional ya no es una opción seguir refugiándose en ideas anacrónicas y resistiéndose ante este inminente proceso, la globalización, como un proceso de cambio social, económico y cultural, ha traído consigo incontables beneficios pero,

---

[14]www.oim.org.co/migraciones

inevitablemente, también ha acarreado una creciente trasformación y agilización de las estructuras y redes del crimen organizado.

Así, en sus orígenes, las bandas dedicadas al crimen organizado ejercían una influencia local, dedicándose principalmente al control de un territorio una ciudad, un barrio o una comarca, sobre el que ejercían su extorsión sobre los comerciantes y el desarrollo de negocios mal considerados por la sociedad como la prostitución, el juego o las drogas.

A finales del siglo XIX el crimen organizado comienza a exportarse a otros continentes.

Ya en la segunda mitad del siglo XX aparecen conexiones entre diversos grupos del crimen organizado que colaboran en el establecimiento de redes de tráfico, primero de droga y tabaco y posteriormente de armas, de personas... de todo aquello que proporcione importantes beneficios. Desde la década de 1950 hasta su desmantelamiento en 1972 funcionaba la French Connection, que importaba opio desde Turquía, lo convertía en heroína en Francia y la distribuía en Estados Unidos y Canadá. En esta trama estaban implicados mafiosos corsos y norteamericanos. Posteriormente los corsos fueron reemplazados por los traficantes italianos Pietro Vernengo y Gaspare Mutolo, el turco Yasar Mussullulu y el chino Koh Bak Kin junto con la familia siciliana de los Badalamenti, los Bonnano de Nueva York y el clan napolitano de los Bardellino.

Entre 1975 y 1985 organizaron la Pizza Connection exportando 700 kilos de heroína tailandesa a EEUU, con bases operativas en España y Brasil, realizando operaciones en 8 países y a través de 52 bancos, blanqueando los beneficios en Suiza y el Caribe, principalmente. De esta manera, hacia 1982 Cosa Nostra controlaba la distribución de cerca del 80% de toda la heroína consumida en el nordeste de los Estados Unidos[15].

Hasta mediados de la década de 1980 estaríamos hablando de pactos coyunturales entre organizaciones criminales que comparten intereses comunes, se dedican a los mismos negocios de tráfico de drogas, de personas, de armas, etcétera. Para Jamieson[16], el salto a la globalización mediante alianzas estratégicas y pactos estables se produce a partir de la segunda mitad de la citada década. El primer caso probado se produciría en 1988 en Aruba durante la celebración de una cumbre entre representantes del Cartel de Medellín

[15] DICKIE, John (2008): Cosa Nostra. Historia de la Mafia Siciliana. Barcelona: Debolsillo.
Europol (2004): Informe 2004 de la Unión Europea sobre la delincuencia organizada. En su página web http://www.europol.europa.eu/publications/Organised_Crime_Reports-in
[16] JAMIESON, Alison (1998): Cooperation Between Organized Crime Groups Around The
World. Jahrbuch fur internationale Sicherheitspolitk, Bureau for Military Scientific
Studies, Federal Ministry of Defence, Vienna, Austria, December 1998.

y de la Cosa Nostra siciliana para el envío de 565 kilos de cocaína a Castellamare, señalándose que sería el primero de una serie de envíos con el fin de que Cosa Nostra obtenga el monopolio del tráfico de cocaína en Europa Occidental. En 1991 se produjeron nuevos contactos en Varsovia entre rusos y representantes de Cosa Nostra, Camorra y 'Ndrangheta. Ese mismo año en Praga se produjo un encuentro secreto entre italianos y CIS para proteger nuevas rutas de droga por Europa central y oriental y en 1993 en Berlín: rusos e italianos se repartían mercados en Alemania y Europa septentrional.

En la cumbre mafiosa celebrada en Las Vegas los días 6 y 7 de octubre de 1995[17] se reunieron varias familias de Cosa Nostra norteamericana y representantes de la Yakuza y las Triadas para negociar la cooperación y la distribución de actividades, permitiendo el tráfico de heroína a las organizaciones asiáticas. Meses después, el 11 de febrero de 1996, tuvo lugar en Fairview (New Jersey), la denominada Cumbre de Troika entre familias estadounidenses con representantes de las bandas rusas Solontsevskaya y Dolgoprudnaya sobre cooperación en tráfico de heroína.

Los inmensos beneficios generados por el tráfico de droga y su posterior blanqueo les han permitido construir imperios que combinan economías lícitas e ilícitas cuyos capitales superan el producto Interior Bruto de muchos países. Disponen de ingentes sumas de dinero para corromper cualquier obstáculo o adquirir sofisticadas

---

[17] FRATTINI, Eric (2002): Mafia SA. Madrid: Espasa Calpe

herramientas tecnológicas.

Para afrontar esta amenaza es preciso encontrar fórmulas de colaboración internacional y acabar con la impunidad que estas organizaciones encuentran en diversos Estados corruptos que se benefician de este tipo de criminalidad a la que amparan: narco-estados, paraísos fiscales, etcétera.

1.6. Factores que favorecen la globalización del crimen organizado:

Gracias a los factores que citaremos a continuación, tras el final de la Guerra fría, la actividad criminal internacional se ha incrementado considerablemente convirtiéndose en una amenaza a nivel mundial. Proliferan las mafias que por medio de poderosas alianzas operan conjuntamente implicándose en complejas actividades ilícitas, moviendo capitales de un país a otro con gran rapidez, con un volumen superior a las economías combinadas de varios Estados, y que pueden recurrir para lograr sus objetivos tanto a la tentadora corrupción, comprando jueces, policías, político, etcétera o a la violencia para eliminar a los incorruptibles.

El fenómeno socio-económico y político denominado globalización ha favorecido no sólo la liberalización de los mercados sino que, añadidamente, ha propiciado el auge de la criminalidad transnacional. Son varios los factores que han propiciado la emergencia de estos nuevos poderes criminales.

El primero que podemos mencionar es el desarrollo de los medios de comunicación internacionales, especialmente Internet, que permite contactar, negociar o transmitir información o capitales instantáneamente de cualquier lugar del mundo a otro. Otro factor a mencionar es el crecimiento del comercio internacional y de las transacciones bancarias internacionales. Cada día se producen en el mundo millares de órdenes bancarias internacionales lo que propicia fraudes y robos.

Las facilidades en el transporte internacional y el gran volumen de movimientos hacen difícil controlar todos los envíos y esto hace que se genere otro factor a mencionar.

Actualmente el tráfico de drogas constituye el principal negocio mundial. El narcotráfico genera beneficios de miles de millones de euros que se reparten entre productores e intermediarios. Algunos países como Afganistán se convierten en narco-estados donde los engranajes del poder se destinan no a combatir a las organizaciones criminales sino a apoyarlas dentro de un orden corrupto, este es una de las actividades globalizadas que realiza el crimen organizado a mencionar, pero no nos introduciremos en el tema, ya que no es objetivo de nuestro trabajo.

1.7: Tipos de Delincuencia Organizada:

De acuerdo con la investigación que se realizó en el trabajo, existen varios tipos de Delincuencia Organizada a saber:

1. Delincuencia organizada local: se puede definir como la delincuencia consistente en una banda o varias bandas vinculadas que operan en una escala territorial menor, ya sea una comunidad, municipio o estado, y que generalmente opera en esa demarcación y rara vez fuera de ella. Podemos señalar como uno de los delitos de estas bandas al el robo de vehículos.

2. Delincuencia organizada nacional: puede consistir en una sola banda de grandes proporciones o varias bandas asociadas, que opera dentro de una escala relativamente mayor, y por lo tanto, se le reconoce como una delincuencia mayor. Pueden tener nexos con otras bandas nacionales e internacionales.

3. Delincuencia organizada transnacional: consiste cuando la delincuencia organizada construye conexiones con organizaciones similares formando redes en todo el mundo.

1.8: Medios de Reacción. Prevención y Represión de la Delincuencia Organizada:

Reconociendo que la delincuencia organizada crece pasos agigantados día tras día, cuya influencia es sumamente desestabilizadora y corruptora para las instituciones sociales, económicas y políticas fundamentalmente, constituye un desafío que exige una unión y cooperación internacional más agresiva e intensa. La Organización de las Naciones Unidas ha reiterado en varios foros, la necesidad de dotar de facultades a los diferentes órganos encargados de hacer cumplir la Ley con el objeto de aumentar su eficiencia, pero esto siempre debe estar dentro del marco institucional de cada Estado.

Señala así una serie de directrices que son de importancia trascendental para el combate y la prevención del Crimen Organizado y que deben tomarse en cuenta a la hora de la creación de las leyes para el combate de dicho fenómeno. Algunas de esas mencionadas pautas son:

1. Señala que debe haber una sensibilidad de la conciencia pública y la movilización de apoyo popular.
2. Se realiza un llamado a poner atención a las investigaciones sobre la estructura de la delincuencia organizada
3. Deben estudiarse continuamente los posibles medios de prevenir o reducir al mínimo los efectos de la delincuencia trasnacional.

4. Aumentar los mecanismos de represión y de la justicia Penal.

5. Elevar la captación para así elevar los conocimientos especializados y las calificaciones profesionales del personal encargado de hacer cumplir estas leyes.

6. Debe reconocerse y apoyar los esfuerzos de los países productores de droga para erradicar la producción y elaboración ilícitas.

7. Se señala que debe ponerse especial atención a los nuevos métodos de investigación del delito y a las técnicas elaboradas por diferentes países. Entre otras.

La cooperación internacional es un factor de gran importancia para combatir el crimen organizado, ya que la magnitud del problema lo requiere por ser un problema que afecta más allá de una frontera, para lo cual las Naciones Unidas propone concertar acuerdos de cooperación nuevos y eficaces de bases más amplias, así como el intercambio de información entre los organismos competentes de los Estados miembros.

CAPÍTULO II: La Trata de Personas. Marco Orientador sobre el tema.

Sumario: **2.1:** Recorrido histórico sobre la Trata de Personas. **2.2:** El fenómeno de la Globalización. **2.3:** Definición moderna de la Trata de Personas. Tipificación del delito de la trata de personas: el acto, el medio y la finalidad ilícita. **2.4:** Modalidades de formas de Trata. **2.5.** Diferencia entre Trata de Personas y Tráfico Ilícito de Migrantes. **2.6:** Factores que fomentan la Trata de Personas. **2.7:** Medidas para combatir el delito de trata de personas a nivel internacional. **2.8:** Definición de víctima de la Trata de Personas. Derechos de las víctimas de Trata de Personas. Asistencia vs. Reparación. **2.9**: Lugares de Origen, Tránsito y Destino de la Trata de Personas. **2.10**: Relación de Trata de Personas con otros delitos. **2.10.1:** Tráfico de migrantes y Trata de Personas. **2.10.2:** Tortura y Trata de Personas. **2.10.3:** Uso de menores de edad para la comisión de delitos y Trata de Personas.

2.1: Recorrido histórico sobre la Trata de Personas:

El delito de la trata de personas es una de las actividades del crimen transnacional organizado, en ascenso que atenta, sin excepción contra todas las sociedades del mundo, debido a que se desarrolla en un contexto globalizado y genera crisis migratoria. De hecho, se define como una poderosa multinacional del delito, donde los criminales que tratan con personas para la explotación comercial derivan sus ganancias de la ilegalidad.

La trata de personas constituye una de las formas de esclavitud del siglo XXI en el mundo globalizado contemporáneo. Es un delito que ocupa el tercer lugar en la lista de crímenes transnacionales, situado después del tráfico de drogas y el de armas, aunque las estimaciones señalan que en la presente década, la trata de personas va a ocupar el primer lugar por las increíbles ganancias y los beneficios económicos que reporta, ya que se calcula que en todo el mundo la industria del sexo (mujeres, hombres, niñas y niños) mueve anualmente más de 77 mil 500 millones de dólares y la trata sigue creciendo.

Después de haber expuestos estas cifras tan alarmantes que poseemos hoy en día por motivos de este delito, quisiéramos brindarles los antecedentes históricos de esta figura, para así tener una mejor comprensión del tema.

Como explicábamos en capítulos anteriores, la migración es un fenómeno natural y antiguo, que forma parte todo ser vivo, y por supuesto entre ellos se encuentran los humanos. Las personas migran en busca de mejores condiciones, buscando y deseando una vida más digna.

Si nos remontáramos a los orígenes e historia de la trata de personas, inevitablemente debemos citar a la figura de la esclavitud. Es a través de esta figura y de su estudio, las raíces históricas que nos posibilita el elemento común de esta práctica que existió en siglos anteriores y aun nos sigue golpeando con fuerza en la sociedad moderna.

A primera vista de la historia podría dar la impresión que la esclavitud es el resultado de una sociedad ignorante. Sin embargo, lejos de ser este fenómeno una expresión de ignorancia de una sociedad, es la consecuencia de ¨ La creciente racionalidad humana¨[18]. Este tema lo menciona Louis Rougier en su obra El Genio de Occidente. El autor explica que dio inicio cuando se finalizaban las guerras, los vencedores llegaron a la conclusión que los vencidos eran más útiles y productivos si quedaban vivos, y por esta razón les perdonaban la vida, con el propósito de mantenerlos como esclavos y ser considerados como fuerza de trabajo, al igual que los animales.

---

[18] ROUGIER, L.: *El genio de Occidente*. 2001. Madrid. España; Union Editorial. Pág 60

Al respecto uno de los mayores sabios de la época, Aristóteles, en su obra Política citado también por el autor Rougier sostuvo que: ¨ningún hombre puede vivir bien o incluso mantenerse con vida, si no puede satisfacer las necesidades de la vida[19] Estas ideas aportadas por Aristóteles gozaban de total aceptación en la época.

Como podemos evidenciar hasta este punto de la investigación, se puede analizar que este fenómeno a través de la historia, ha estado ligado a las guerras, a la esclavitud y a la consideración de las mujeres como objeto sexuales y así fueron traficadas durante el período colonial. Las más afectadas fueron las africanas y las indígenas. El objetivo sexual siempre estuvo presente y se daba dentro del mercado matrimonial o con otras figuras como concubinas, o simplemente mujeres a libre disposición de los patrones.

Después de la adquisición de soldados por medio de las victorias de las guerras, la esclavitud se amplió mucho más, y posteriormente los esclavos eran obtenidos por piratería o por procreación, es decir, los hijos de los esclavos eran considerados en igual condición. La esclavitud se volvió en aquella época una necesidad, en un medio para hacer posible que los ciudadanos se dedicaran a cultivar su cuerpo y su alma, su intelecto, etcétera. Desde entonces la esclavitud ha existido como forma de enriquecimiento ilícito por siglos y a lo largo de

---

[19] ROUGIER, L.: OP. Cita. Pág 63

distintos regímenes, entre diferentes culturas y pueblos.

Según lo anterior expuesto, es aceptado que la esclavitud constituyó la base de la economía de muchos pueblos antiguos y que esta situación histórica permaneció latente por mucho tiempo. Aún después de muchos años luchas antiesclavista, de haberse promulgado la Declaración de los Derechos Humanos y después de haberse derramado sangre de quienes opinan en contra, aún se encuentran casos de esclavitud ¨moderna¨ evidenciada en la trata de personas para la prostitución, el trabajo forzoso, entre otras modalidades.

Este fenómeno ya lo podíamos evidenciar de igual forma en la época de la conquista española, ya que en cumplimiento de la ley de guerra, los españoles tomaban o entregaban el "botín de mujeres" al vencedor, lo que dio origen al comercio sexual, al punto que se crearon establecimientos para este tipo de actividades. Con posterioridad, en la colonia, surgieron las primeras normas que sancionaban dicha actividad con penas que incluso llegaron hasta la muerte.

A fines del siglo XIX, especialmente a partir de 1900, persistió el fenómeno de la trata de mujeres que se agudizó después de cada guerra mundial, siendo también víctimas las mujeres europeas, que huyendo del hambre y de los horrores de la guerra, fueron presa fácil de los traficantes, siendo utilizadas con fines de explotación sexual y trasladadas como concubinas o prostitutas, a países de Europa del Este, Asia y África, lo que llevó a denominar a dicha actividad como trata de blancas, porque se reclutaba a mujeres blancas, europeas y americanas que eran comerciadas hacia países árabes, africanos o asiáticos.

Las primeras referencias a la trata provienen de los instrumentos de las Naciones Unidas. En1904 el primer convenio internacional referido al tema, fue el Acuerdo Internacional sobre Represión de Trata de Blancas que se centraba sólo en la protección de las víctimas y resultó ineficaz; la trata era conceptualizada como movilización de mujeres asociada a la esclavitud pero ligada estrechamente a fines "inmorales" , prostitución y requería el cruce de fronteras nacionales.

Para el año 1910 se aprobó la Convención Internacional para la Represión de la Trata de Blancas, que obligó a los países firmantes a castigar a los proxenetas y se amplió la definición para incluir el comercio interno de mujeres en los países, estrechamente vinculada con la esclavitud.

En 1933, se aprobó el Convenio Internacional para la Represión de la Trata de Mujeres Mayores de Edad que obligaba a los Estados a castigar a las personas que ejercían la trata de mujeres adultas con independencia de su consentimiento.

Las cuatro convenciones anteriores quedaron unificadas por el Convenio para la Represión de la Trata de Personas y de la Explotación de la Prostitución Ajena, adoptada por Naciones Unidas en 1949 y ratificada por 72 Estados y que establece: "la prostitución y el mal que la acompaña, la trata de personas son incompatibles con la dignidad y el valor de la persona humana". Con esta Convención se intentó abarcar la trata de personas, pero no se logró definir el fenómeno en su totalidad, aunque adjudica carácter delictivo al tráfico del sexo y a los actos relacionados con la prostitución, pero en virtud de la debilidad de los mecanismos de vigilancia y de que no ha sido adoptada por una gran mayoría de países, no ha sido eficaz.

Quisiéramos mencionar que a través de la historia la trata de personas ha recibido diferentes nombres. Uno de ellos es la trata de blancas, que hacía referencia principalmente a la prostitución de mujeres. Este término fue descartado con el pasar de los años, quedando es desuso. Posteriormente, se implementó el término de trata de persona o tráfico, ya que este término abarcaba no solo a las mujeres víctimas de la esclavitud, sino también a los hombres y a los menores.

2.2: El fenómeno de la Globalización.

La globalización, como un proceso de cambio social, económico y cultural, ha traído consigo incontables beneficios pero, inevitablemente, también ha acarreado una creciente trasformación y agilización de las estructuras y redes del crimen organizado.

En la última década, el mundo actual ha sido testigo de

un acelerado avance de la tecnología en todos los ámbitos, el cual le ha servido de combustible al proceso de la Globalización. Dicho proceso es un fenómeno antiguo, resultados de cambios graduales en ámbitos sociales, económicos y políticos que paulatinamente dieron forma al sistema mundial actual.[20].

Cada día la cantidad de personas la facilidad con que estas pueden tener acceso a un alto número de fuentes de información, va en aumento. Las operaciones financieras, el intercambio comercial así como la transportación de personas y el movimiento de mercancías han sufrido una rápida evolución y con esto se ha acelerado el proceso de globalización.

Pero el proceso de globalización ha ayudado también a que redes criminales se expandan a través del planeta, enfrentándose a un mundo cada vez más accesible, valiéndose de eliminación de barreras comerciales, la acelerada migración, el transporte aéreo, la comunicación instantánea y las más avanzadas tecnologías para realizar sus delitos y sus operaciones.[21]

2.3: Definición moderna de la Trata de Personas:
Tipificación del delito de la Trata de Personas.

Tenemos que la trata de personas es una forma de

---

[20] JAMES MIDGLEY: Social Welfare in Global Context. 1997. London. Pág 22

esclavitud tanto sexual como laboral que involucra el secuestro, el engaño o la violencia. Las víctimas de este delito suelen ser reclutadas mediante engaños tales como falsas ofertas de trabajo u ofertas engañosas que no aclaran las condiciones en las que se va a realizar el trabajo ofrecido y trasladadas hasta el lugar donde serán explotadas. En los lugares de explotación, las víctimas son retenidas mediante mentiras, amenazas o coacción. La mayoría de las víctimas provienen de barrios marginales y la explotación sexual no es la primera forma de violencia que viven en carne propia.

Luego entonces La Trata de Personas es un delito contra los derechos humanos considerado como la esclavitud del siglo XXI. Este delito consiste en el traslado forzoso o por engaño de una o varias personas de su lugar de origen, ya sea a nivel interno del país o trasnacional, la privación total o parcial de su libertad y la explotación laboral, sexual o similar.

Causa por la cual se cataloga a ésta como una importante actividad criminal y una violación a los derechos humanos, que tiene lugar en casi todos los países. Ya que la misma implica la explotación de víctimas, generalmente en trabajos forzados o en la actividad comercial sexual, por una organización criminal o "tratante". La trata puede implicar el traslado de las víctimas por los tratantes de un país a otro, pero ese

---

[21] JOHN M. MARTIN Y ANNE T ROMANO.: Multinational Crime: Terrorism, Espionage, Drug and Arms. 1992. London. Pág 3

traslado internacional no es un requisito para su existencia. La trata de personas puede ocurrir dentro de un mismo país. Siendo un problema global, la trata de personas se encuentra prohibido por diversas convenciones internacionales.

Por esta razón y debido a la alta preocupación de los Estados, se generó en el marco de la Convención de las Naciones Unidas Contra el Crimen Transnacional Organizado, un protocolo que enmarca la definición universal de este delito para Prevenir, Reprimir y Sancionar la Trata de Personas, especialmente en Mujeres y Niños, estableciendo parámetros mínimos que deben tener en cuenta los Estados para la lucha contra este flagelo a través de sus propias legislaciones (Palermo – Italia /2000).

Dicho protocolo en su Artículo 3, establece:

Por Trata de Personas, se entenderá la captación, el transporte, el traslado, la acogida o la recepción de personas, recurriendo a la amenaza o al uso de la fuerza u otras formas de coacción, al rapto, al fraude, al engaño, al abuso de poder o de una situación de vulnerabilidad, a la concesión o recepción de pagos o beneficios para obtener el consentimiento de una persona que tenga autoridad sobre otra, con fines de explotación. Esa explotación incluirá como mínimo, la explotación de la prostitución ajena u otras formas de explotación sexual, los trabajos o servicios forzados, la esclavitud o practicas análogas a la esclavitud, la servidumbre o la extracción de órganos[22].

El fenómeno de la trata, especialmente de mujeres, tiene raíces profundas en la historia de la humanidad, pues desde sus inicios ha estado ligado a las guerras, a la esclavitud y a la consideración de las mujeres como objetos sexuales y así fueron traficadas durante el período colonial, especialmente las africanas y las indígenas fueron sacadas de sus lugares de origen y comerciadas como mano de obra, servidumbre y/o como objetos sexuales. El objetivo sexual siempre estuvo presente y se daba dentro del mercado matrimonial o con otras figuras como concubinas, o simplemente mujeres a libre disposición de los patrones.

Desde entonces se relacionó trata de blancas con prostitución y ésta con esclavitud. Se usó el término tráfico humano o tráfico de personas, relacionado al comercio internacional de mujeres y personas menores de edad, sin lograr una definición o concepto consensuado. Años más tarde, el término trata de blancas cayó en desuso, pues en la trata se ven involucradas personas de diferente sexo, edad, culturas, razas y ubicación geográfica, no únicamente mujeres blancas y no solo en la explotación sexual. Se trata sin duda de una definición compleja, que consta

---

[22]Organización de Naciones Unidas (ONU), Prevenir, Reprimir y Sancionar la Trata de Personas, especialmente en Mujeres y Niños, que contempla la Convención de la Naciones Unidas Contra la Delincuencia Organizada Transnacional, Palermo – Italia (2000)

de tres elementos fundamentales para distinguir "trata" de "tráfico", a saber:

- Una actividad: la captación, reclutamiento y traslado de una persona por parte de agentes;

- Unos medios: a los cuales recurren los agentes para captar, reclutar y trasladar a la personas. Esos medios, que son los que hacen de la trata un fenómeno distintivo, son el fraude, al engaño, a la coacción, la coerción, la utilización de fuerza, violencia o amenaza física o psicológica.

- Una finalidad o propósito, que distingue a la trata, y que es la explotación (económica u otra) de la persona que fue captada o reclutada mediante esos medios engañosos o coactivos.

El traslado, sea interno o internacional, es un elemento que hasta ahora siempre ha estado presente en la trata de personas. Sin duda, una de las finalidades del traslado es facilitar la coacción y la explotación, ya que mediante el traslado la persona es separada de sus redes sociales y de soporte. Este aislamiento físico (complementado con amenazas y violencia) multiplica su vulnerabilidad y hace que no pueda pedir ayuda ni recurrir a ningún tipo de asistencia.

El Protocolo contra la trata de personas exige que el delito de la trata se defina mediante una combinación de sus tres elementos constitutivos, aunque en algunos casos estos distintos elementos constituyen delitos independientes. Por ejemplo, el rapto o el uso de la fuerza (agresión) sin el consentimiento de la persona probablemente constituyan delitos separados con arreglo a la legislación penal interna.

No obstante, en el caso de la trata de niños, no se requiere probar el medio utilizado (es decir, cómo se hace). En este contexto, el apartado c) del artículo 3 dice lo siguiente:

"La captación, el transporte, el traslado, la acogida o la recepción de un niño con fines de explotación se considerará 'trata de personas' incluso cuando no se recurra a ninguno de los medios enunciados en el apartado a) del presente artículo".

Podemos mencionar también que existen dos tipos de trata de personas; la interna y la externa.

1. La interna: se trata del reclutamiento, traslado y explotación de las victimas dentro de las fronteras de un mismo país.
2. La externa: el reclutamiento ocurre en el país de origen o residencia de la víctima y la explotación ocurren en un país diferente.

¿Cómo opera la trata de personas?

La trata de personas se realiza de diversas formas: algunas personas son atraídas con promesas de dinero, de trabajos bien remunerados y algunas veces con supuestas oportunidades de educación. En otros casos, las personas son reclutadas mediante agencias que ofrecen trabajos y hacen los arreglos indispensables para que la persona haga el viaje. Por lo general, el tratante corre con los costos, por ejemplo los documentos necesarios para salir del país, el pasaporte, la visa, los tiquetes de viaje; mecanismo utilizado para poder crear una deuda y en el momento en que la víctima llega a su destino final, se encuentra con que la deuda aumenta diariamente, pues debe pagar el transporte, vestimenta, alimentación y hospedaje y otros costos que decida el tratante.

Los tratantes mantienen un constante control sobre las víctimas, a través del temor con el que someten a las personas; recordándole la deuda que tiene, por medio de violencia, tortura, violaciones e intimidación o a través de amenazas contra la familia y los amigos, obligándolas a cumplir lo que los tratantes piden. Todo esto aunado a que les quitan sus documentos de identidad y de viaje y les dicen a las víctimas que serán deportadas y encarceladas si van a la policía.

Ahora analizaremos las etapas del proceso: la captación o reclutamiento, el traslado (nacional o internacional) y la posterior explotación en el lugar de destino.

El reclutamiento o la captación puede ocurrir de dos maneras: mediante engaños, o mediante el secuestro liso y llano. Esta última modalidad tiende a ocurrir en países o regiones donde ha habido graves crisis sociales, políticas o humanitarias, donde hay poblaciones desplazadas, y una ausencia crítica del Estado y sus instituciones.

Cuando el reclutamiento ocurre mediante engaños, alguien –un conocido, un pariente, o incluso un reclutador profesional, que recorre regiones buscando candidatos- se acerca a la víctima potencial, ofreciendo un empleo en otra ciudad, o en otro país. Si se trata de una mujer, la oferta falsa de empleo suele ser como mesera, en servicio doméstico, cuidado de niños, como bailarina, etcétera.

Las consecuencias más obvias, tanto en los países o regiones de origen como de destino, son el aumento de la criminalidad (ya que todo el proceso está en manos de organizaciones criminales, casi siempre con ramificaciones internacionales, que además se expanden hacia otras áreas); aumento de la migración irregular; problemas de seguridad nacional vinculados con la falta de controles en frontera; problemas de xenofobia y estigmatización contra los extranjeros (ya sea por prostitución o porque compiten en el mercado de trabajo); la corrupción de los funcionarios para asegurar que la trata no sea reprimida ni las organizaciones de tratantes desbaratadas.

La prevención implica sensibilizar y concientizar a la población de las regiones o países de origen, pero sobre todo a las víctimas potenciales de la trata. Son necesarias campañas de información masiva, sea en la televisión, la radio, los periódicos, organismos e instituciones comunitarias, etcétera. El eje de la campaña no debe ser "no salga de su país, no salga de su región" - ya que esto atenta contra el derecho de libre tránsito de las personas- sino: "esté alerta respecto de los mecanismos de la trata, infórmese, sepa a dónde recurrir y a quién preguntar".

2.3.1. Acercamiento introductorio a los factores que fomentan la trata de personas.

En síntesis, podemos decir que las siguientes condiciones, bien sea en forma aislada, o en forma combinada, aumentan la probabilidad que un país sea propenso al tráfico, al funcionamiento como zona deportación, como punto de tránsito entre destino o como receptor de víctimas del delito de la trata de personas[23]:

1) La globalización, la liberalización comercial y financiera, los avances en los medios de transporte, y la revolución de las comunicaciones, originan la incapacidad de los Estados para controlar la circulación de personas y capitales, debido a un desequilibrio entre estas expresiones y los desarrollos técnicos.

2) La fragilidad institucional, la corrupción de las elites y las reformas estructurales, provocan la incapacidad de los Estados para generar marcos de regulación eficaces.

3) El aumento en los niveles de pobreza, la precarización laboral y la distribución desigual de recursos; ocasionan la "feminización del mercado laboral", esto se relaciona con la tendencia global hacia la "feminización de la supervivencia", pues las familias confían cada vez más en el trabajo pagado de la mujer para su sustento.

4) Factores nacionales asociados al delito de la trata de personas como el conflicto interno armado y su efecto en la violación del Derecho Internacional Humanitario y los Derechos Humanos, el desplazamiento forzado, la utilización del cuerpo de las mujeres como botín de guerra, la pobreza, el reclutamiento forzado de grupos armados al margen de la ley, la exclusión social, el narcotráfico y el fenómeno de las migraciones constituyen un conjunto de causas estructurales para que delitos como la trata de personas utilicen y aprovechen el contexto social del país para consolidar y expandir sus redes de crimen trasnacional organizado, victimizando de esta forma a la población más vulnerable.

---

[23] Sanchis Norma: Globalización, Comercio y Trata de Mujeres en la Región de América Latina. Presentación Power Point, sin fecha establecida

La lucha contra la trata de personas implica tres elementos fundamentales:
- la prevención,
- la protección y asistencia de la víctima y,
- la acción judicial y policial.

2.4: Modalidades de formas de Trata:

Podemos encontrar por lo abarcador que posee el término Trata de Personas diferentes modalidades a citar:

1. Explotación sexual de personas adultas y de personas menores de edad: dentro de esta modalidad se dan las siguientes variantes: prostitución forzada, explotación sexual de personas menores de edad, pedofilia, matrimonios serviles, turismo sexual, pornografía.

2. Los niños soldados cautivos: esta modalidad de trata se realiza a través del reclutamiento de personas menores de edad para combatir en las filas de los grupos armados al margen de la ley.

3. Trata con fines de reproducción: este tipo de trata se entiende como cualquier práctica en la que la mujer, sin el derecho de renunciar, es prometida o entregada en matrimonio, obligada o persuadida a embarazos forzados, a "alquilar sus vientres" o a vender sus óvulos a cualquier otra

persona. Dentro de este tipo existen tres modalidades: los embarazos forzados, los vientres de alquiler y las adopciones ilegales.

4. Trabajos forzados: se refiere a cualquier labor o servicio que se le exige a una persona bajo amenaza de cualquier castigo y para la cual dicha persona no se ha ofrecido de forma voluntaria.

La OIM[24] identifica 2 modalidades que puede adoptar los tratantes hacia sus víctimas en el momento de la información que tienen las mujeres y adolescentes antes de partir:

1. Con engaño y promesas falsas: en esta modalidad evidenciamos que son mujeres y adolescentes reclutadas para viajar ofreciéndoles facilidades, condiciones y promesas que luego no son cumplidas. Al llegar al destino final se encuentran con una realidad muy diferente.

2. Sin engaño respecto al trabajo que deben realizar: son mujeres trabajadoras sexuales que viajan teniendo información sobre el tipo de trabajo que deben desempeñar, sin embargo existe engaño con respecto a las condiciones

---

[24] OIM. Trata de personas. Diagnóstico exploratorio sobre el tráfico y la trata de personas con fines de explotación sexual. 2009

laborales, la cantidad de deuda contraída y a la privación de libertad a la que posteriormente serán sometidas.

También se dan otras modalidades de trata como la mendicidad, la servidumbre por deuda o las prácticas forzadas en actos religiosos y culturales.

2.5. Diferencia entre Trata de Personas y Tráfico Ilícito de Migrantes:

Quisiéramos detenernos ahora en la definición de tráfico ilícito de migrantes definida en el artículo 3 del Protocolo de Palermo contra el tráfico ilícito):

"Por tráfico ilícito de migrantes se entenderá la facilitación de la entrada ilegal de una persona en un Estado Parte del cual dicha persona no sea nacional o residente permanente con el fin de obtener, directa o indirectamente, un beneficio financiero u otro beneficio de orden material".

Esta definición indica que el tráfico ilícito de migrantes es, sencillamente, el servicio de cruce clandestino de fronteras. El servicio es ofrecido por un "coyote", "pollero" o "pasador", y pagado por el migrante.

A partir de esta definición es posible observar una enorme diferencia entre los dos fenómenos. En la trata hay captación forzosa y traslado mediante engaños o coacción con una finalidad de explotación; en el tráfico hay simplemente traslado, un cruce de fronteras, acordado entre dos partes, es decir que no hay coacción y organizado de forma ilegal para obtener una ganancia a través del pago del servicio de cruce[25].

El tráfico ilegal de migrantes consiste en facilitar el traslado, cruce o entrada ilegal de alguien a un país que no es el suyo, ganando dinero u otros beneficios; en la trata de personas aunque puede haber cruce de una frontera, esto no es lo que cuenta, sino el engaño, el fraude o la coacción para someter a una persona a ejercer un trabajo caracterizado por la explotación, el abuso y muchas veces la violencia o amenaza de violencia. La trata puede darse también internamente dentro de un país.

Después de haber expuesto todo lo anterior, quisiéramos mencionar los tres elementos diferenciadores de estas dos figuras:

1. Consentimiento: En el caso de tráfico ilícito de migrantes, que suele realizarse en condiciones peligrosas, los migrantes consienten en ese tráfico. Las víctimas de la trata, por el contrario, nunca han consentido o, si lo hicieron

---

[25] Sin embargo, debemos tener en cuenta que hay una zona gris entre tráfico y trata: puede ocurrir que procesos que se inician como tráfico se conviertan en trata cuando el coyote o pasador está asociado a redes de tratantes y, en el momento del cruce de fronteras, entrega al migrante a una red que lo explotará en el lugar de destino.

inicialmente, ese consentimiento ha perdido todo su valor por la coacción, el engaño o el abuso de los traficantes.

2. Explotación: El tráfico ilícito termina con la llegada de los migrantes a su destino, en tanto que la trata implica la explotación persistente de las víctimas de alguna manera para generar ganancias ilegales para los traficantes. Desde un punto de vista práctico, las víctimas de la trata también suelen resultar más gravemente afectadas y tener más necesidad de protección frente a una nueva victimización y otras formas de abuso que los migrantes clandestinos.

3. Transnacionalidad: El tráfico ilícito es siempre transnacional, mientras que la trata puede no serlo

2.6: Factores que fomentan la Trata de Personas.

No se puede ayudar a que las poblaciones vulnerables se protejan a sí mismas del daño si para empezar no se comprende que es lo que las hace vulnerables. Por ello, toda respuesta a la trata de personas debe basarse en una comprensión de las condiciones o los factores que afectan a la vulnerabilidad. En el contexto de la trata de personas, las principales causas de la vulnerabilidad son económicas, sociales, culturales, jurídicas y políticas.

En el Protocolo contra la trata de personas se hace referencia directa a los factores económicos y se mencionan la pobreza, el subdesarrollo y la falta de oportunidades equitativas entre las causas fundamentales de la trata de personas. Estos factores empujan a las personas a querer migrar en busca de mejores condiciones.

Los factores jurídicos se manifiestan en la falta de acceso al sistema de justicia penal, bien porque la persona objeto de la trata sea extranjera o carezca de acceso a asistencia letrada o porque el propio sistema no ofrezca soluciones adecuadas. Además, la inseguridad puede verse fomentada por la regla de los dos testigos o la regla de las pruebas corroborantes, con el resultado de que las personas objeto de trata no sean oídas en los tribunales. La corrupción exacerba la inseguridad.

Además de los factores económicos, sociales y culturales, la inestabilidad política, la guerra y los conflictos pueden contribuir a la trata de personas. Ello es así, en particular, en las sociedades en transición, donde los desórdenes públicos, la pérdida de la identidad nacional y la inestabilidad política pueden crear un entorno favorable a la delincuencia organizada, incluida la trata de personas. En esos casos, la perturbación de la vida tradicional en las comunidades, junto con el marco de protección que ofrecen, y el consiguiente desplazamiento de las personas las hacen sumamente vulnerables a la explotación.

2.7: Instrumentos para combatir el delito de trata de personas a nivel internacional:

En el ámbito internacional existe un marco jurídico que regula el tema de la trata de personas, por ser este un tema tan complicado y que acarrea consigo una gran connotación global. Entre esos instrumentos podríamos citar:

1. Convenio para la represión de la trata de personas y de la explotación de la prostitución ajena de 1949.

2. La Convención de las Naciones Unidas contra la delincuencia organizada trasnacional, cuyo objetivo es promover la cooperación internacional para prevenir y combatir eficazmente la delincuencia organizada transnacional. Actualmente, 147 países son signatarios de la Convención y 30 países la han ratificado.

3. El Protocolo para prevenir, reprimir y sancionar la trata de personas,(conocido como Protocolo de Palermo) que complementa la convención anteriormente citada, que trata de resolver áreas específicas del delito organizado transnacional y es un instrumento que sirve como modelo para las legislaciones nacionales. Este protocolo establece de manera expresa la obligación de los Estados de penalizar

la trata de personas con fines de explotación.

4. Protocolo contra el tráfico ilícito de migrantes por tierra, aire y mar, que también es complementario de la Convención de las Naciones Unidas contra la delincuencia organizada trasnacional, adoptada por la ONU en el 2000.

5. La Declaración Universal de los Derechos Humanos.

6. La Convención sobre la Eliminación de todas las formas de discriminación contra la mujer. (CEDAW).

7. Principios Directrices recomendados sobre los Derechos Humanos y la Trata de Personas.

Existen disímiles instrumentos jurídicos sobre este tema tan importante a nivel internacional pero quisimos señalar algunos por su papel primordial en la lucha contra este fenómeno global.
Podemos mencionar también diversos foros internacionales, los cuales podemos citar a:

1. Conferencia Mundial contra el Racismo, la Discriminación Racial, la xenofobia y las formas conexas de intolerancias.

2. La Conferencia Mundial de Derechos Humanos.

3. La cuarta Conferencia Mundial sobre la Mujer.

La Convención y el Protocolo de Palermo, establecen un lenguaje jurídico común para la regulación de los delitos en los Estados Parte. Con este objetivo, estos acuerdos internacionales pretenden armonizar las legislaciones nacionales y regionales en materia de tráfico y trata. Este aspecto es de vital trascendencia para una efectiva lucha contra estos delitos con la finalidad de evitar posibles lagunas y vacíos.

Toda la documentación anterior, busca la creación global de políticas, estrategias y mecanismos eficientes para la sanción efectiva de este delito, involucrar a todos los países del mundo en la lucha contra la trata de personas y la protección de los Derechos Humanos de las víctimas. La tarea de cada país va encaminada entonces, a la elaboración de sus propias leyes para poder combatir la trata de personas en los diferentes escenarios geográficos que se presente.

2.8: Definición de víctima de la Trata de Personas. Derechos de las víctimas de Trata de Personas. Asistencia vs. Reparación:

Los Derechos Humanos han sido reconocidos universalmente, y protegen a todos los hombres, mujeres, niños y niñas sin ningún tipo de discriminación, y su objetivo fundamental es la prevención de la dignidad humana. Esta es un principio fundamental, inherente al ser humano, que tiene que ver con la condición única de ser sujeto de derechos con un valor primordial e innegociable. Así lo reconoce la Declaración Universal de los Derechos Humanos[26].

Las víctimas de la trata de personas, en especial las mujeres, son desconocidas en sus Derechos Humanos cuando se les somete a condiciones de explotación, de involuntariedad en el tipo de trabajo, humillaciones, maltrato, violación de sus derechos, etcétera. Pero también son sometidas en los lugares de destino a actos violentos a causa de las conductas racistas y de discriminación, tanto individual como colectiva[27].

Cuando recibimos a una persona que ha sido víctima de trata, debemos proveerle algún tipo de protección, en primer lugar protección física. Esta protección se brinda en albergues o refugios gestionados por el Estado y por la sociedad civil, donde la víctima puede recibir asistencia médica y psicológica, asistencia o asesoramiento legal, y asistencia para decidir sobre su futuro, evitando caer nuevamente en manos de los tratantes. Por las características del delito en cuestión, quienes brinden protección y asistencia

---

[26] Declaración Universal de los Derechos Humanos, proclamada por la Asamblea General de las Naciones Unidas el 10 de Diciembre de 1948
[27] Rodríguez Gabriela: Ponencia Tráfico Internacional de Personas desde la Perspectiva de los Derechos Humanos. En Tráfico de personas en Colombia, Fundación Esperanza. 2010. pág60

deben evaluar, caso por caso, los factores de riesgo involucrados y decidir en consonancia.

El primer paso para el reconocimiento de las personas objeto de la trata de persona como víctimas que merecen gozar de la protección de los derechos humanos es que se las identifique como tales. No identificar correctamente a una víctima de trata de personas, traerá aparejado el seguir denegándole sus derechos inherentes. Por lo tanto, los Estados tienen la obligación de que esa identificación sea posible y se lleve a cabo.

En muchos casos, las víctimas de la trata podrían no reconocerse a sí mismas inmediatamente como tales. Por ejemplo, las personas que fueron engañadas para realizar trabajo forzoso mediante la imposición de una "tarifa" extorsiva, podrían requerir educación, o las que tienen un vínculo afectivo con un traficante que las explota con fines sexuales en calidad de "novio" podrían necesitar orientación psicológica para comprender que se las está explotando y se están violando sus derechos humanos.

Al definir a las víctimas, es importante comprender que las víctimas de la trata suelen ser vulnerables. El concepto de no penalización guarda una estrecha relación con la noción de víctima vulnerable. El reconocimiento de las personas objeto de la trata como víctimas exige la aplicación del principio de ¨No Penalización¨, según el cual la ley debe eximir a esas personas de responsabilidad penal por actos cometidos como resultado de la trata.

Una vez que se ha identificado una víctima de este delito, debe dársele acceso a una gama de derechos como son:

1. protección. El artículo 6 del Protocolo contra la trata de personas aborda la asistencia a las víctimas de la trata y su protección.

2. Derecho a la seguridad.

3. Derecho a la privacidad.

4. Derecho a la información.

5. Derecho a la representación legal.

6. Derecho a vista de sus causas ante los tribunales.

7. Derecho a indemnización por daños.

8. Derecho a recibir asistencia.

9. Derecho a solicitar residencia.

10. Derecho a regresar

En virtud de estos derechos las víctimas de la trata deberán recibir determinados beneficios independientemente de su situación en materia de inmigración o de su voluntad de declarar en los tribunales.

Es de gran importancia que los programas de prevención del delito deban contener disposiciones que permitan ofrecer a las posibles víctimas un curso de acción distinto, para reducir su vulnerabilidad a la trata de personas.

La edad promedio de las víctimas de trata es de veintitrés años siendo once años la mínima y 41 años la máxima. Esta cifra entra en el rango más frecuente establecido por la OIM, que oscila entre los veintitrés y los veintisiete años, evidenciando así que el delito afecta principalmente a personas jóvenes que están en edad productiva. En relación con los menores de dieciocho años, es importante mencionar que el 12 por ciento de las víctimas de trata de personas registrada por la OIM, son niños, niñas y adolescentes.

Pero en el mundo del delito de trata de personas, el único sujeto que encontramos no es la víctima, también encontramos la figura del ¨ tratante¨. En la cadena de la trata de personas no existe un perfil único. Existen tipos diferentes de personas tratantes que realizan varias funciones en el proceso. Así, tratante puede ser quien recluta, quien organiza el viaje, quien tramita los documentos, quien acoge a las persona a su llegada, quien amenaza, pega y obliga a trabajar. Los tratantes están vinculados por el conocimiento que las victimas van a ser explotadas y utilizadas como un objeto sexual en su destino. Algunos de los tratantes tienen agencias de viajes o de colocación de empleos y también pueden ser familiares o amigos. Pero el objetivo de los tratantes es ganar dinero a costa del sufrimiento y la explotación de otros seres humanos.

Las víctimas de la trata de personas deben dejar de ser invisibles para convertirse definitivamente en personas que el Estado deba proteger. Todos los Estados tienen la obligación de velar por los Derechos Humanos de todos aquellos que se encuentran bajo su jurisdicción, independientemente de su nacionalidad y condición migratoria. Es compromiso de toda la sociedad conocer y difundir este tema tan complejo y además accionar en contra para lograr que la trata de personas sea una expresión en desuso.

2.9: Lugares de Origen, Tránsito y Destino de la Trata de Personas:

Los lugares donde se desarrolla la trata pueden ser de origen, tránsito y de destino.
El país o ciudad de donde parte la víctima se denomina de origen, que podría ser su lugar de nacimiento o simplemente donde resida; el lugar en el cual es explotada, donde la privan de sus derechos inherentes se conoce como país o ciudad de destino. Algunas víctimas pueden estar en países o ciudades intermedias antes de llegar al lugar de destino final, sin necesidad de ser explotadas ahí, estos son conocidos como países o ciudades de tránsito.

En la actualidad existe un debate sobre lo que se considera como un país de tránsito de trata de personas. Para algunos expertos cualquier país por el que pase la víctima antes de llegar a su destino final es un país de tránsito, para otros expertos en cambio, un país de tránsito es aquel en el que la víctima permanece un periodo de tiempo considerable antes de viajar al país de destino final. Durante este periodo la víctima puede empezar a ser explotada, se le cambia su aspecto físico y/o se retienen sus documentos de identidad[28].

2.10: Relación de Trata de Personas con otros delitos.

Identificar cuando se está en presencia de un caso de trata de personas implica la necesidad de diferenciar este fenómeno ilícito de otras actividades lícitas e ilícitas. En relación con las primeras, muchos casos de trata de personas inician con ofertas lícitas de trabajo y culminan en trata de personas. En relación con las segundas, la trata de personas se puede presentar en concurso con otros delitos o subsumir la conducta prevista en otros delitos. En la práctica se ha detectado que el tipo penal de trata de personas se ha confundido con otra serie de delitos.

---

[28] Dr. Terry Roopnaraine, ¨Save the Children in Kosovo¨, 2002. Pág 11.

2.10.1: Tráfico de Migrantes y Trata de Personas

El Tráfico de Migrantes como ya lo describimos en capítulos anteriores se entiende por aquella persona que promueva, induzca, constriña, facilite, financie, colabore o, de cualquier otra forma, participe en la entrada o salida de personas del país, sin el cumplimiento de los requisitos legales, con el ánimo de lucrarse o cualquier otro provecho para sí u otra persona. Este es uno de los tipos penales que en un caso concreto puede ser fácilmente confundido con la trata de personas, en especial por la denominación del mismo. Ahora bien, se trata de dos tipos penales diferentes puesto que difieren en la intencionalidad del autor y en su objetivo.

El tráfico de migrantes buscar castigar la conducta mediante la cual una persona lleva a otra de un Estado a otro con el fin de obtener un beneficio para sí o para un tercero, vulnerando los controles migratorios, es decir ingresar a una persona a otro Estado de manera irregular. Este es el famoso caso de los 'coyotes' que operan entre México y Estados Unidos a cambio de dinero. En contraste, la trata de personas es la mercantilización del ser humano, mediante la explotación del mismo para obtener un beneficio, sea o no económico. A estos dos delitos los diferencia el momento consumativo y el ámbito espacial.

2.10.2: Tortura y Trata de Personas

La tortura se entiende por infligir a una persona dolores

o sufrimientos, físicos o psíquicos, con el fin de obtener de ella o de un tercero información o confesión, de castigarla por un acto por ella ha cometido, o que se sospeche que ha cometido, o de intimidarla o coaccionarla por cualquier razón que comporte algún tipo de discriminación. El delito de trata de personas y el de tortura se diferencian en sus finalidades. Como se ha indicado en este capítulo, la trata de personas tiene por finalidad la explotación de la persona. Es posible que como resultado de la explotación de una víctima de trata de personas, esta sufra daños físicos o psíquicos. Ahora bien, si a la víctima de trata de personas se le inflige dolor o sufrimientos físicos o psíquicos bajo una de las finalidades del delito de tortura, por ejemplo la víctima es castigada y no se le suministra alimentación por varios días, por haber intentado escapar del estado de explotación, el delito de trata de personas y tortura concursan.

2.10.3: Uso de menores de edad para la comisión de delitos y Trata de Personas:

La persona que induzca, facilite, utilice, constriña, promueva o instrumentalice a un menor de 18 años a cometer delitos o promueva dicha utilización, constreñimiento, inducción, o participe de cualquier modo en las conductas descritas estará en presencia de este delito. Este delito es más amplio que el de trata de personas al no estar atado a la intencionalidad de explotación; por ende, hace que el mismo sea garantista frente a los menores que están siendo inducidos, facilitados, utilizados, constreñidos, promovidos o instrumentalizados para la comisión de delitos. Por tanto, se puede afirmar que es un tipo penal especial de trata de personas, cuando la finalidad del autor es la explotación del menor mediante la inducción, utilización, constreñimiento, promoción o instrumentalización de un menor y cuyo beneficio es la comisión de delitos.

Al igual que en el tipo penal de trata de personas, el consentimiento dado por la víctima no constituye causal de exoneración de la responsabilidad penal, puesto que el comportamiento de la víctima, en este caso un menor que no tiene la capacidad y madurez mental para medir sus actos, es irrelevante.

CAPÍTULO III: Descripción del fenómeno del delito de Trata de Personas en Colombia.

Sumario: **3.1:** Antecedentes. Datos sobre Colombia. **3.2:** Trata de Personas en Colombia. **3.3:** El tipo penal de Trata de Personas en la legislación colombiana. **3.4:** Definición de víctima en el Derecho Penal colombiano. **3.5:** Obligaciones del Estado colombiano. **3.6:** Instrumentos Jurídicos para combatir la Trata de Personas en Colombia.

3.1: Antecedentes. Datos sobre Colombia:

Para ubicarnos en el contexto nacional de Colombia, es importante mencionar algunos datos que son relevantes para nuestro tema de investigación.

Colombia, oficialmente República de Colombia, es una república unitaria de América situada en la región noroccidental de América del Sur. Está constituida en un estado social y democrático de derecho cuya forma de gobierno es presidencialista. Está organizada políticamente en 32 departamentos descentralizados y un Distrito Capital. La capital de la república es Bogotá.

La superficie de Colombia es de 2.129.748 km², de los cuales 1.141.748 km² corresponden a su territorio continental y los restantes 988.000 km² a su extensión marítima,9 de la cual mantiene un diferendo limítrofe con Venezuela y Nicaragua.10 11 Limita al este con Venezuela y Brasil, al sur con Perú y Ecuador y al noroeste con Panamá; en cuanto a límites marítimos, colinda con Panamá, Costa Rica, Nicaragua, Honduras, Jamaica, Haití, República Dominicana y Venezuela en el mar Caribe, y con Panamá, Costa Rica y Ecuador en el océano Pacífico.

El país es la cuarta nación en extensión territorial de América del Sur y, con alrededor de 47 millones de habitantes, la tercera en población en América Latina.

3.2: Trata de Personas en Colombia:

El más reciente informe sobre la trata de personas en Colombia[29], reveló detalles sobre cómo esta problemática afecta al país, considerado el segundo con más víctimas de este delito en Latinoamérica después de Brasil. La investigación titulada "La Trata y Explotación en Colombia: no se quiere ver no se quiere hablar", que se enfocó en el Eje Cafetero (Risaralda, Quindío y Caldas) y el Valle del Cauca, concluyó que a pesar de que existen estrategias y leyes para prevenir y luchar contra este fenómeno, aún falta mucho camino por recorrer. El informe reveló que en Colombia hay 70 mil víctimas de trata de personas.

A lo largo del informe enfatiza que la trata de personas no sólo significa explotación sexual, que representa el 58% de los casos según la Naciones Unidas, sino que está asociada con otras violaciones a derechos humanos como la esclavitud, trabajos forzados, servidumbre y extracción de órganos. La investigación también recurrió a seis informes producidos por varias organizaciones internacionales para lograr establecer algunas cifras oficiales. Sin embargo, se precisó que es difícil concretar tales cifras ya que se trata de un fenómeno global muy complejo, que cambia

---

[29] Realizada por la Organización Women's Link Worldwide (WLW). "La Trata y Explotación en Colombia: no se quiere ver no se quiere hablar".

dependiendo de los países de origen, del tránsito y destino de las víctimas, de las rutas empleadas para transportarlas y de los perfiles de las personas que sufren el flagelo.

Según ese informe realizado la situación en Colombia aún es crítica, porque según cifras de la Organización Internacional para la Migraciones (OIM), en Colombia 70 mil personas son víctimas de la trata de personas. El informe revela que el país ha sido utilizado para el tránsito de diferentes grupos de víctimas que vienen desde Ecuador y Asia y tienen como destino Estados Unidos o Europa.

La organización señala además que Colombia se convirtió en un país de destino al encontrar que en sectores del Valle del Cauca se han utilizado niños, jóvenes y adultos, provenientes del Ecuador que han sido explotados laboralmente.

Otro de los puntos que se debe aborda en el país de Colombia es el alto índice de trata interna que aún no ha sido visibilizado. Los casos de explotación laboral y sexual se dan especialmente en departamentos como Amazonas, Nariño, Antioquia Valle, Eje Cafetero, Norte de Santander y Antioquia.

Otro gran problema que afecta a Colombia es que es un país de origen, tránsito y destino de las distintas modalidades de trata de personas. Las mujeres y niñas tienen mayor posibilidad de ser víctimas de este delito, la situación económica y la afectación del conflicto son determinantes para quienes son vulnerables a este delito. Algunas mujeres o niñas buscan mejores opciones laborales y las redes de trata y tránsito de personas las utilizan para actividades relacionadas con el cuidado de personas, actividades domésticas y como "proveedoras sexuales".

Por su ubicación geográfica, en el punto más septentrional de Suramérica y bañado por los océanos Pacífico y Atlántico, Colombia es un país de tránsito para víctimas que proceden de otros países suramericanos y africanos, con destino a Europa y a Estados Unidos.

También se evidencia un fenómeno del tránsito de personas de origen chino hacia Estados Unidos.

Como país destino de trata de personas, Colombia recibe sobre todo mujeres y niñas ecuatorianas, en su mayoría indígenas y adultas para ser explotadas en trabajos de toda índole.

Los grupos armados colombianos también reclutan niños y niñas de Ecuador para integrar sus filas, mientras otros particulares también toman a menores indígenas de ese país con fines de explotación laboral y sexual en Colombia.

En la zona del Eje Cafetero, que comprende los departamentos de Caldas, Risaralda y Quindío, la trata de personas se convirtió en una práctica frecuente de las economías familiares y tiene habitualmente fines de explotación sexual, aunque también se registran objetivos laborales, de mendicidad ajena y "matrimonio servil".

El informe destaca que aunque Colombia ha desarrollado un marco constitucional sólido para prevenir este flagelo, falta reglamentar la Ley 985 de 2005, así como crear conciencia sobre este delito pues la trata interna de personas es invisible, hay "poca identificación de víctimas de esta modalidad" y "un mínimo número de casos investigados y sancionados".

3.3: El tipo penal de Trata de Personas en la legislación colombiana:

El Artículo 188A del Código Penal colombiano[30] (CPC) expone sobre la Trata de personas lo siguiente. El que capte, traslade, acoja o reciba a una persona, dentro del territorio nacional o hacia el exterior, con fines de explotación".

Según el Art. 188A del Código Penal colombiano, la trata de personas tiene por finalidad la explotación de una persona que ha sido captada, trasladada, recepcionada y acogida, por parte del autor del delito. Esta finalidad es la intencionalidad del autor y, por tanto, determina el dolo con el cual debe actuar el mismo.

---

[30] Congreso de la República, Ley 599 de 2000, "Por la cual se expide el Código Penal" (24 de julio de 2000).

La explotación, según el Art. 188A del cuerpo legal, es obtener un provecho económico o cualquier otro beneficio para sí o para otra persona, en donde para efectos de la norma penal "se entenderá por explotación el obtener provecho económico o cualquier otro beneficio para sí o para otra persona, mediante la explotación de la prostitución ajena u otras formas de explotación sexual, los trabajos o servicios forzados, la esclavitud o las prácticas análogas a la esclavitud, la servidumbre, la explotación de la mendicidad ajena, el matrimonio servil, la extracción de órganos, el turismo sexual u otras formas de explotación".

La conducta en cualquier punto penal está descrita por los verbos que integran el concepto, también conocidos como verbos rectores. Los siguientes son los verbos rectores del delito de trata de personas.

1. Captar: Atraer a alguien, ganar la voluntad o el afecto de alguien. Desde una perspectiva criminal implica:
- Seducir
- Recluir
- Influir
- Manipular
- Utilizar artimañas.

2. Transportar: Llevar a alguien o algo de un lugar a otro. Desde una perspectiva criminal implica:
- Transferir
- Mover

- Transportar a una persona de un lugar a otro.

3. Recibir: Tomar o hacerse de lo que le dan o le envían. Desde una perspectiva criminal implica:

-Recoger a una persona para llevarla a un punto de tránsito.

4. Acoger: Admitir en su casa o compañía a otra u o tras personas o servir de refugio o albergue. Desde una perspectiva criminal implica:

-Albergar a una persona para asegurar su disponibilidad como si fuera una Mercancía.

Este tipo penal no requiere que la víctima sea explotada para considerar que el delito existió, puesto que simplemente requiere que se pruebe la intencionalidad del autor cuando cometió la conducta; esto se debe a que este es un delito de peligro, es decir, no se requiere que el derecho sea efectivamente vulnerado para concluir la existencia del delito.

Es importante relatar que el legislador amplió el lucro que obtiene el perpetrador o un tercero a cualquier tipo de beneficio que se dé a su favor, sin atarlo a beneficios netamente económicos. Esto es trascendental en la práctica dada la existencia de múltiples casos en los que el victimario no está en búsqueda de un beneficio económico, sino simplemente busca con la explotación otro tipo de beneficio.

La legislación colombiana, al definir su tipo penal contra la trata de personas, fue más garantista y enmarcó el delito de conformidad con otras obligaciones internacionales sobre Derechos Humanos.

Ahora bien, aunque el tipo penal colombiano es de avanzada, las normas contra la trata de personas, en especial aquellas sobre medidas de asistencia a víctimas, deben ser interpretadas e implementadas de conformidad con los compromisos adquiridos por el Estado colombiano sobre Derechos Humanos, puesto que aunque la trata de personas es un delito y es una violación de los Derechos Humanos de la persona que fue víctima del mismo.

Esto implica:
• Concebir a la trata de personas no solo como un delito sino como una forma de violación de los Derechos Humanos.
• Implementar el deber de asistencia a víctimas de la trata de personas como un derecho de las mismas, en cumplimiento de las obligaciones positivas para garantizar y proteger los Derechos Humanos de las víctimas de trata de personas.
• Concebir la asistencia psicológica y médica como un derecho humano.
• Concebir a la víctima en un sentido amplio, es decir, incluir dentro de la definición a aquellas personas que indirectamente también sufrieron perjuicios como parte del ilícito, por ejemplo los familiares de la víctima.
• No atar la investigación y la judicialización de un caso

103

de trata de personas, así como la asistencia a sus víctimas a la denuncia de la víctima; ya que se deben garantizar y proteger los Derechos Humanos de las personas, por ello este delito fue establecido como de investigación oficiosa.

3.4: Definición de víctima en el Derecho Procesal colombiano:

Según el Código de Procedimiento Penal colombiano (CPPC), Art. 132, se entiende por víctimas. ¨las personas naturales o jurídicas y demás sujetos de derechos, que individual o colectivamente, hayan sufrido algún daño como consecuencia del injusto¨. Adicionalmente, siguiendo lo establecido en la Sentencia C-516 de 2007 de la Corte Constitucional, el ámbito de la definición de víctima establecido en el CPPC comprende tanto a la víctima directa como a la indirecta, dado que la víctima indirecta también han sufrido un daño individual o colectivo, cierto, real y concreto. En este punto nos referimos a los familiares de las víctimas por ejemplo.

Es importante recalcar que, según el CPPC, la condición de víctima se tiene con independencia de que se identifique, aprehenda, enjuicie o condene al autor del delito, por tanto para casos de trata de personas las víctimas tienen esta calidad, incluso si no se inicia un proceso penal en contra del victimario, y tendrán los derechos previstos en la Ley 985 de 2005 en relación con la asistencia.

En Colombia el Decreto 4786 de 2008, mediante el cual se aprueba la Estrategia de Nacional Integral de lucha contra la trata de personas, en el eje de atención definió el concepto de víctima como: "las personas que, individual o colectivamente, hayan sufrido daños, incluidas lesiones físicas o mentales, sufrimiento emocional, pérdida financiera o menoscabo sustancial de sus derechos fundamentales, como consecuencia de acciones u omisiones que violen la legislación penal vigente en los Estados miembros, incluida la que proscribe el abuso de poder

...

En la expresión 'víctima' se incluye, además, en su caso, a los familiares o dependientes inmediatos de la víctima directa y a las personas que hayan sufrido daños al intervenir para asistir a la víctima en peligro o para prevenir la victimización". Adicionalmente, el Decreto 4786 de 2008 amplía el concepto de víctima a las personas que indirectamente hayan sufrido un daño como consecuencia del delito ,familiares o dependientes de la víctima directa, así como aquellas que sufrieron un daño al intervenir para asistir a la víctima.

3.5: Obligaciones del Estado colombiano:

El Estado tiene la obligación de respetar, proteger, garantizar y cumplir los Derechos Humanos de todas las personas dentro del territorio nacional (nacional y extranjero), de conformidad con la Constitución Política y sus compromisos internacionales.

Estas obligaciones son de carácter tanto negativo como positivo[31]:

• Obligaciones negativas: estas son de no hacer, es decir el Estado debe abstenerse de violar, directa o indirectamente, por acción u omisión, los Derechos Humanos. Adicionalmente, como medida excepcional, estas obligaciones implican que solo se pueden imponer restricciones (necesarias y proporcionales) a dichos derechos de conformidad con los tratados/convenciones ratificados por Colombia y la Constitución.

• Obligaciones positivas: estas son de hacer, es decir implican una respuesta por parte del Estado para que se cumpla con los Derechos Humanos.
Incluyen:

- Poner en funcionamiento el aparato estatal, de forma tal que los Derechos Humanos sean protegidos, respetados y garantizados. Para los casos de trata de personas y VBG, resulta de trascendental importancia la obligación del Estado de investigar (de forma efectiva, pronta e imparcial), judicializar y castigar a los perpetradores de dichas conductas, al ser este un derecho humano que tienen las víctimas ante la

---

[31] Comité de Derechos Humanos, "Observación general 31. Naturaleza de la obligación jurídica general impuesta a los Estados Partes en el Pacto", CCPR/C/21/Rev.1/Add.13 (26 de mayo de 2004), disponible en: http://daccess-dds-ny.un.org/doc/UNDOC/GEN/G04/419/56/PDF/G0441956.pdf OpenElement (consultado el 26 de junio de 2011, pár. 6).

violación de sus derechos por la comisión del delito. Por ello, la importancia de que este delito sea de investigación oficiosa, es decir, que no requiere de denuncia para iniciar las actividades investigativas por parte de las autoridades competentes

3.6: Instrumentos Jurídicos para combatir la Trata de Personas en Colombia:

El Estado Colombiano viene implementando leyes y políticas para sancionar este delito que cada día crece y afecta a más mujeres colombianas, y como es debido, es el Estado el que debe garantizar la protección de sus ciudadanos y ciudadanas a través de medidas de protección.

Esta normatividad colombiana se encuentra: En primer lugar, La Constitución Política de Colombia de 1991, consagra en el Artículo 17 lo siguiente: "se prohíbe la esclavitud, la servidumbre y la trata de seres humanos en todas sus formas", por lo tanto ningún ciudadano o persona que se encuentre en tránsito por el país puede comercializar seres humanos. De igual forma, en la Carta Magna en sus los artículos 2, 12, 42, 44 y 45 protegen y brindan las garantías de los derechos del núcleo familiar y la dignidad humana.

El marco normativo contra la trata de personas se encuentra previsto en la legislación nacional, en la Ley 985 de 2005. Mediante esta ley se creó el actual tipo penal, se enlistan una serie de principios para la aplicación de la misma, se establece la obligación del Estado de adoptar la Estrategia Nacional contra la trata de personas como eje de la política estatal en este campo, la obligación del Estado de adelantar campañas y tomar medidas para la prevención del delito, la obligación del Estado de adoptar medidas de protección y asistencia a víctimas, el fortalecimiento de acciones estatales para la lucha contra la trata de personas, las funciones del Comité interinstitucional para la lucha contra la trata de personas, el Sistema Nacional de Información sobre la trata de personas y disposiciones finales relacionadas con recursos financieros. Esta ley fue la respuesta del Estado colombiano a la ratificación de la Convención de las Naciones Unidas contra la delincuencia organizada transnacional (Convención de Palermo) y su Protocolo para prevenir, reprimir y sancionar la trata de personas, especialmente en mujeres y niños, Ley 800 de 2003 (Protocolo de Palermo). En adición a esta convención, la Ley 985 de 2005 debe ser implementada respetando los compromisos internacionales adquiridos por Colombia en materia de Derechos Humanos[32].

En este orden de responsabilidades del Estado, el

---

[32]Ley 800 de 2003, aprobó la Convención de las Naciones Unidas contra la Delincuencia Transnacional Organizada (Convenio de Palermo) y su Protocolo para prevenir, reprimir y sancionar la Trata de Personas, especialmente en Mujeres y Niños. Luego de concluir los trámites internos, se depositaron los instrumentos de ratificación ante la Secretaría General de la Organización y entraron en vigor para Colombia, a partir del 3 de septiembre de 2004.

Código Penal colombiano ubica esta modalidad delictiva dentro del capítulo quinto, "del proxenetismo" y lo define como un delito que castiga a quien "promueva, induzca, constriña o facilite la entrada o salida del país de una persona, para que ejerza la prostitución", y a quien incurra en las acciones descritas anteriormente, establece la prisión de dos a seis años como pena principal, acompañada de una multa equivalente a multiplicar por una cantidad de setenta y cinco (75) a setecientos cincuenta (750) el valor de salario mínimo legal vigente mensual.

Con base en la Ley 985 de 2005 se adoptó, en el 2008, mediante el Decreto 4786, la Estrategia Nacional de lucha contra la trata de personas 2007- 2012 (Estrategia Nacional) cuyo objetivo es el desarrollo de la "política de Estado para la lucha contra la trata de personas interna y externa, con el fin de reducir el fenómeno, desde los enfoques de derecho, género y protección integral" mediante el desarrollo de los siguientes ejes estratégicos: prevención, protección y asistencia de testigos, cooperación internacional para la lucha contra la trata de personas e investigación y judicialización[33].
Esta política se desarrolla teniendo en cuenta los siguientes ejes:

---

[33] Junto con la Ley 985 de 2005 y el Decreto 4786 de 200879 existen otras normas nacionales, como la Ley 1257 de 2008 sobre la violencia contra las mujeres, las cuales complementan las disposiciones contenidas en estas dos normas.

1. Prevención: Prevenir la Trata de Personas a través de programas, proyectos y medidas, desarrolladas por las autoridades públicas en un trabajo conjunto con organizaciones de la sociedad civil y del sector privado en general, y organizaciones internacionales.

2. Protección y Asistencia a Víctimas y Testigos: Garantizar la asistencia y la protección integral y calificada a las víctimas de trata de personas. 3. Cooperación Internacional para la Lucha contra la Trata de Personas: Fortalecer los mecanismos de cooperación internacional en el ámbito bilateral, regional y multilateral, para optimizar la lucha integral contra la trata de personas.

3. Investigación y Judicialización: Fortalecer a las Entidades del Estado encargadas de la investigación y judicialización del delito de trata de personas permitiéndoles ser más eficaces y eficientes en la persecución y sanción de la conducta punible. Con lo anterior se evidencia, que Colombia es el único país de América Latina que posee una legislación completa en la que se adopta medidas contra la trata de personas y se establecen normas para la atención y protección de las víctimas

Es importante resaltar que, según la Constitución (Art. 93), los Tratados y convenciones de Derechos Humanos hacen parte del bloque de constitucionalidad de

Colombia[34]. Por tanto, todos los tratados/convenciones sobre Derechos Humanos ratificados por el Estado colombiano, prevalecen en el ordenamiento interno y todas las normas nacionales deben ajustarse a ellos. Esta misma disposición se encuentra en el Artículo 3 del Código de Procedimiento Penal[35].

Las definiciones jurídicas y los avances normativos, vienen siendo acompañados de respuestas institucionales a lo largo del país. Es así como se encontraron implementaciones de estrategias que posibilitan desarrollos de estas, tales como:

La creación del Comité Interinstitucional Contra la Trata de Personas, mediante el decreto ley 1974 de 1996; sus acciones se enmarcan en la labor que realizan las instituciones a nivel local y regional frente al delito; así mismo este comité interactúa con organismos internacionales, Organizaciones No

---

[34]El bloque de constitucionalidad consiste en aquellas normas que, no siendo parte del texto de la Constitución, se entienden como normas de orden constitucional.

[35] Según la Corte Constitucional colombiana, hacen parte del bloque de constitucionalidad las siguientes normas: tratados/convenios internacionales sobre Derechos Humanos, los convenios sobre Derecho Internacional Humanitario, las leyes orgánicas, las leyes estatutarias, los tratados limítrofes, las normas internacionales sobre protección de la mujer en estado de embarazo, la Constitución de la Organización Internacional del Trabajo y sus Convenios 87 y 98, los derechos sociales –entendidos como Derechos Humanos– , los Principios rectores del desplazamiento interno, los derechos de los NNA derechos morales de autor.

Gubernamentales y Fundaciones que tengan el mismo objetivo. Está integrado, por orientación de la ley 985 de 2005, según su artículo 14 por los siguientes miembros:

1. El Ministro del Interior y de Justicia o su delegado, quien lo presidirá.
2. El Ministro de Relaciones Exteriores o el director de Asuntos Consulares y de Comunidades Colombianas en el Exterior, o su delegado.
3. El Ministro de la Protección Social o su delegado.
4. El Ministro de Educación o su delegado.
5. El Director General del Departamento Administrativo de Seguridad o su Delegado.
6. El Director General de la Policía Nacional o su delegado.
7. El Fiscal General de la Nación o su delegado.
8. El Procurador General de la Nación o su delegado.
9. El Defensor del Pueblo o su delegado.
10. El Subdirector General de la Oficina de INTERPOL en Colombia o su Delegado.
11. El Director General del Instituto Colombiano de Bienestar Familiar o su Delegado.
12. El Consejero(a) Presidencial para la Equidad dela Mujer o su delego(a).
13. El Director(a) de Fondelibertad o su delegado.
14. El Director(a) General de la Unidad Administrativa Especial de Información y Análisis Financiero o su delegado.

Podemos mencionar la Creación del Centro Operativo Anti Trata de Personas (COAT), por mandato del Comité

Nacional a través del acta No 008 de 2007, cuyo objetivo es reducir el impacto del delito en las víctimas y restablecer sus derechos al igual que desmantelar las redes mediante la creación de un grupo élite. Es decir lo que se busca es articular las instituciones desde el campo investigativo, y de atención a las víctimas a través de un sistema de información que se pretende implementar.

Uno de esos logros significativos constituye el trabajo del Ministerio de Relaciones Exteriores quien brinda la asistencia y el apoyo a las víctimas de Trata de Persona; además, es la posición oficial del Estado Colombiano responsable del trabajo sobre Trata de Personas ante otros países o instancias internacionales, y crea y desarrolla la política exterior y migratoria de Colombia en lo referente a esta materia.

En cuanto a la asistencia en materia de Trata de Personas, La Dirección de Asuntos Consulares y Comunidades Colombianas en el Exterior, en coordinación con las oficinas consulares de Colombia, La Organización Internacional para las Migraciones y otras instituciones, desarrolla la coordinación y seguimiento permanente en estos casos, con el fin de asistir, proteger y repatriar a las víctimas colombianas de trata en el exterior. En desarrollo de esta labor, durante los últimos tres años la Dirección ha logrado la repatriación de 59 víctimas de este crimen trasnacional.

Por otro lado, la Fiscalía General de la Nación ha logrado implementar una base nacional de datos actualizada para los trámites judiciales relacionados con el delito de la trata de personas que incluye los casos reportados por todas las direcciones seccionales del país, a través de la cual fue posible, hacer un estudio de comportamiento y de variaciones de esa conducta. Así mismo, se creó al interior de la Fiscalía, la Unidad Nacional contra la Trata de Personas, donde se trabaja específicamente frente a este delito en sus diferentes modalidades de explotación.

En cuanto a la trata con fines de explotación sexual en menores de edad, el Instituto Colombiano de Bienestar Familiar – ICBF[36], en coordinación con las demás instituciones, ha avanzado en la definición conceptual y operativa de modelos de atención integral a las víctimas de delitos sexuales. Ha generado procesos de investigaciones focalizados en algunas regiones, traducidos en diagnósticos y caracterizaciones de la problemática, así como en definiciones de sistemas de autorregulación y códigos de conducta por los que deberían regirse los proveedores de servicios de Internet para evitar la

---

[36] El Instituto Colombiano de Bienestar Familiar o ICBF, es una entidad vinculada al Departamento Administrativo para la Prosperidad Social de Colombia. La entidad fue establecida en 1968 en respuesta a problemáticas que afectan a la sociedad colombiana, como lo son la falta de nutrición, la división e inestabilidad del núcleo familiar, la pérdida de valores y la niñez desvalida.

pornografía infantil en la red[37].

Finalmente, el Estado colombiano diseñó un plan de acción basado en los cuatro ejes de la Política Estatal Contra la Trata de Personas, (Prevención, Protección, cooperación y judicialización) con el fin de establecer metas y presupuesto para avanzar en la lucha contra este flagelo en los siguientes dos años.

Quisiéramos mencionar algunos eventos donde Colombia ha tenido participación:

• Taller sobre el tema de trata de personas entre Colombia y Panamá (Capurgana – Colombia), 24 – 25 de Mayo de 2007, el cual se realizó en el marco de las acciones acordadas entre Colombia y Panamá en la XII Reunión de la Comisión de Vecindad entre los países, cuyo objeto fue el de socializar el Protocolo de Palermo, analizar la legislación interna de cada país, e intercambiar experiencias en el área de prevención, protección de las víctimas y persecución de este crimen transnacional, con el fin de fortalecer la cooperación bilateral. Y cuyos resultados fueron[38]:

1. Lograr que las autoridades homólogas de ambos

---

[37] Información brindada por Lorena Gonzales Pérez, Elenita Motta del Instituto Colombiano de Bienestar Familiar.
[38] informe de Comisión preparado por Dra. Martha Patricia Medina Coordinadora de Asistencia a Connacionales y Promoción de Comunidades Colombianas en el Exterior, Ministerio de Relaciones Exteriores

países tengan mayor efectividad en los procesos de persecución de las redes criminales y transnacionales.

2. Informar de manera inmediata a los respectivos consulados y autoridades respectivas, cuando se detecte una víctima de trata, a efecto de brindar mancomunadamente la protección y asistencia requerida, con el fin de garantizar la repatriación de la víctima a su lugar de origen.

3. Intercambiar experiencias en materia de prevención del delito, con el fin de formular programas efectivos y permanentes de persuasión a las poblaciones vulnerables.

4. Adelantar campañas de información sobre el delito de trata de personas, dirigidas a los operadores turísticos nacionales e internacionales, con el fin de sensibilizar sobre las modalidades de este delito.

5. Sugerir a los dos gobiernos la protección y asistencia que corresponda a las víctimas de trata evitando su re- victimización.

• Primera Reunión Técnica de altos funcionarios para la lucha contra la trata de personas entre Perú, Ecuador y Colombia – Quito –Ecuador,, cuya realización tuvo como objetivo, el sentar las bases técnicas y determinar los pasos a seguir para impulsar los acuerdos y mecanismos de cooperación efectivos entre las autoridades de Ecuador, Colombia y Perú, en la lucha contra la trata de personas entre los tres países.

• Seminario taller sobre trata de personas entre Colombia y el Brasil Leticia - Amazonas, agosto 14 y 15 de 2008[39], realizado en el marco de la X Reunión de la Comisión de Vecindad e Integración Colombo- Brasilera. Teniendo en cuenta que la frontera Brasil-Colombia es un escenario activo de intercambio internacional – lícito e ilícito- de mercancías, divisas y personas. Una frontera abierta donde se dificulta el control del tráfico fluvial, aéreo y terrestre en la Amazonía y la cual se considera como tierra de refugio y oportunidad económica que impulsa a muchos colombianos-as y también peruanos-as a migrar hacia el Brasil por el Amazonas.

Colombia es una fuente significativa de trata de personas, sobre todo de niños y mujeres que son usados para explotación sexual. Esta grave evidencia, genera planes de trabajo por parte del gobierno colombiano más amplios y además un fuerte desempeño por parte de todas las identidades responsables de este delito para lograr disminuir esas cifras tan alarmantes que existe en Colombia. Definitivamente el sector más

---

[39] Informe de Comisión elaborado por Ángela Muñoz y revisado por Adriana Palacios Torcer Secretario de Relaciones Exteriores.

vulnerable, sigue siendo el impactado por el conflicto armado. Teniendo en cuenta que el 74% de la población desplazada son mujeres y niños, además necesario implementar un plan de acción mucho más amplio para la protección de víctimas y así creas una conciencia en las personas afectadas por estos criminales del deber de denunciar.

Conclusiones:

- El crimen organizado trasnacional es una de las consecuencias del proceso de globalización que afecta a todo el mundo. Las redes criminales son cada vez más rápidas y crueles, con estructuras organizativas que permiten la movilidad y adaptación. En algunos de los casos, disponen de más presupuestos que algunas agencias gubernamentales lo que permite el soborno de los funcionarios públicos para adaptar las leyes también a su conveniencia.

- Es evidente que existen dificultades lógicas a la hora de entender este fenómeno, como son la falta de controles fronterizos, la falta de una buena captación de profesionales que tienen a su cargo el control para desmantelar a estas redes criminales, la corrupción, la tolerancia social ante la comisión de estos crímenes y el más importante la falta de comprensión de los Estados del porque cada día va en crecimiento estos hechos delictivos.

- Por un lado, la trata es un delito que difícilmente se denuncia; por ende, la diferencia entre los datos en conocimiento de las autoridades, y la magnitud de este fenómeno es enorme. El escaso número de denuncias dificulta la identificación y posterior acceso a las víctimas, pero adicionalmente existe el deber ético de evitar la revictimización, otra razón por la cual se dificulta el acceso a las víctimas. En relación con la magnitud del problema en el territorio colombiano, este estudio revela que los esfuerzos que se han hecho por diseñar sistemas de información sobre la trata de personas, aún no se dispone de datos confiables que permitan estimar de manera precisa, el número de personas afectadas por este delito tanto dentro del país como en el exterior.

- Toda respuesta a la trata de personas debe basarse en una comprensión de las condiciones o los factores que afectan a la vulnerabilidad. En el contexto de la trata de personas, las principales causas de la vulnerabilidad son económicas, sociales, culturales, jurídicas y políticas.

- Las medidas para combatir la trata de personas deberán siempre dirigirse contra los criminales y no contra aquellas personas que han sido víctimas de tales prácticas. En repetidas ocasiones se juzga a la víctima en lugar del criminal, lo que hace que las mismas pierdan la confianza en el sistema legal para hacer justicia. Lo que se considera como una consecuencia directa de las pocas denuncias sobre este flagelo.

- Son pocos los países que se han preocupado por combatir este delito de trata, aún más, existen naciones en donde ni siquiera conocen la magnitud de dicho fenómeno, y tienden a confundirla con el tráfico ilícito de migrantes, la prostitución y la trata de blancas. Otros países que han reconocido el delito, poseen leyes inadecuadas, que no protegen satisfactoriamente a las víctimas y que no ayudan a la prevención del delito.

- En relación con quienes se encargan de la toma de decisiones políticas, del delito de trata de persona con fines de explotación sexual, exige de parte del Estado un esfuerzo por atender las causas estructurales del problema en las zonas del país de donde proceden las víctimas. Los análisis que se llevaron a cabo desde el enfoque basado en Derechos Humanos, evidencian que la trata de personas es una expresión de la inequidad que enfrentan determinados grupos de la población, particularmente las mujeres. En ese sentido, exige definir una respuesta integral dirigida a la protección de los derechos de las víctimas.

- En cuanto a avances legislativos, el Estado colombiano, en su calidad de garante de los derechos fundamentales de cada persona, ha hecho grandes esfuerzos de que estos estén salvaguardados y se han establecido varias vías para atacar la Trata de Personas. Colombia cuenta con una efectiva legislación y es uno de los países en la región más involucrado en cooperación internacional, por ejemplo con

España, Holanda y Japón, en rescate de víctimas y sanción a los tratantes. Pero aunque mencionamos este aspecto positivo a través del trabajo investigativo, es evidente que los problemas internos del país es uno de los precursores que hace vulnerable a la sociedad colombiana frente al delito de la trata.

RECOMENDACIONES:

- Que se cumpla de manera efectiva, tanto en su aplicación como en su ejecución la ley 985 del 2005 del estado colombiano, donde se regulan los aspectos que Colombia había aceptado ratificar en el Protocolo de Palermo.

- Que se realicen inspecciones y auditorias por parte de las autoridades competentes colombianas, de forma trimestral a los funcionarios públicos colombianos que trabajan con el tema en la prevención, atención, investigación, vigilancia, etcétera de la trata de personas.

- Debido a la importancia de la cooperación internacional en este tema es de gran importancia, que se realicen intercambios de experiencias con otros países en materia de prevención del delito, con el fin de formular programas efectivos y permanentes de persuasión a las poblaciones vulnerables.

- Debe trazarse como objetivo en el presupuesto del estado la elaboración y desarrollo de políticas económicas que ayuden a frenar el problema de la trata de personas.

- Se debe brindar por parte de las autoridades

competentes colombianas una buena asistencia para la reintegración de las víctimas del delito de trata a la sociedad, ya que tienen que enfrentarse a variados problemas y así se evita que se siga con el círculo vicioso.

- El Estado colombiano a través de los medios de comunicación deben trasmitirle y dar a conocer a la sociedad civil la responsabilidad que posee ante ellos de proteger y promover los derechos humanos que son violados con la comisión del delito de trata de personas.

- Es necesario crear y organizar talleres de información dirigidos a las víctimas potenciales y con mayor énfasis en los lugares del país donde se reporte mayores números de casos.

Bibliografía:

- Annelise Anderson, The economics of organized crime. Editado por Gianluca Florentina y San Peltzman.1995 Cambridge University Press.
- Delgado Martín, J, Criminalidad organizada, Barcelona, 2001.
- DICKIE, John: Cosa Nostra. Historia de la Mafia Siciliana. Barcelona, Europol (2008).
- Dr. Terry Roopnaraine, "Save the Children in Kosovo", 2002. Pág. 11.
- Diccionario Jurídico Elemental. Cabanellas, G. 2002. 25 Edición, único volumen. Colombia. Pág. 389
- FRATTINI, Eric (2002): Mafia SA. Madrid: Espasa Calpe
- GAYRAUD, Jean-François (2007): El G 9 de las mafias en el mundo. Barcelona: Urano.
- Gómez de Liañó Fonseca-Herrero, Marta. Criminalidad Organizada y Medios Extraordinarios de Investigación. Madrid 2004.
- Granados Pérez, Carlos. Instrumentos Procesales en la Lucha Contra el Crimen Organizado. Madrid 2011. P.64-97.
- Haralambos and Holborn, Sociology: Themes and Perspectives. Seventh Edition. London 2008.
- James Midgley. Social Welfare in Global Context. 1997. London. Pág 22.
- JAMIESON, Alison (1998): Cooperation Between

Organized Crime Groups Around The World. Jahrbuch fur internationale Sicherheitspolitk, Bureau for Military Scientific Studies, Federal Ministry of Defence, Vienna, Austria, December 1998.

- John M. Martin y Anne T Romano. Multinational Crime: Terrorism, Espionage, Drug and Arms. 1992. London. Pág. 3.

- Manrique Gandaria, El Sol de Méjico, 28 de Marzo, 2012, pág. 3.

- Prado Saldarriaga, Dr. Víctor Roberto. La Entrega Vigilada: Orígenes y Desarrollos.

- Rodríguez Gabriela, Ponencia Tráfico Internacional de Personas desde la Perspectiva de los Derechos Humanos. En Tráfico de personas en Colombia, Fundación Esperanza. 2010. pág60.

- Rougier, L. El genio de Occidente. 2001. Madrid. España; Unión Editorial. Pág. 60.

- Rubio, M. 2010. Viejos verdes y ramas peladas: una mirada global a la prostitución.

- Bogotá: Universidad Externado.

- Sanchis Norma, Globalización, Comercio y Trata de Mujeres en la Región de América Latina. Presentación Poder Point, sin fecha establecida.

- Sanz Delgado, Enrique. El agente provocador en el delito de tráfico de drogas. La Ley Penal. Estudios Monográficos. Madrid.

❖ Legislaciones Consultadas:

- Constitución Política de Colombia de 1991.
- Código Penal colombiano.
- Código de Procedimiento Penal colombiano
- Ley 985 de 2005. Sobre la Trata de Personas en Colombia.
- Ley 800 de 2003 - Ratificación Convención y Protocolo de Palermo.
- Protocolo de Palermo.

❖ Páginas electrónicas consultadas:

- www.biblio.juridicas.unam.mx
- www.abogadoespecialista.net
- Office of the United Nations High Commissioner for Human Rights. 1991, de http://www.ohchr.org/english/about/publications.
- http://www.interno.it/dip_ps/dia/semestrali/sem/2005/1sem2005.pdf
- www.oim.org.co/migraciones
- www.wikipedia.org

Anexos:

Anexo 1 Entrevistas realizadas a víctimas del delito de Trata de Personas en Colombia:

1. EL CASO DE MANUELA[40].

Manuela, de veintiséis años, vivía en un departamento al occidente de Colombia y atravesaba por una situación económica difícil: trabajaba en una escuela como ayudante del servicio, teniendo como salario un poco menos del mínimo estipulado en Colombia. Sostenía sola a sus dos hijos de diez y doce años de edad, ya que su esposo estaba metido en el mundo de las drogas y se desconocía su paradero.

Una amiga le ofreció trabajar en Bogotá, la capital de Colombia, como prostituta donde aparentemente iba a ganar mucho dinero de manera rápida (500.000 a 800.000). Todo el dinero que ganara sería para ella y en menos de dos semanas pagaría la deuda del trasporte para Bogotá e incluso podría regresar su casa con suficientes ahorros. También le aseguró que podría decidir en qué sectores de la ciudad trabajar y cómo seleccionar los clientes.

Ella aceptó la propuesta, dejando sus hijos al cuidado de sus padres. Al llegar a Bogotá, una persona la esperaba en el aeropuerto y le solicitó que le entregara todos sus documentos, supuestamente por razones de seguridad.

Unos días después de su llegada, Manuela fue vendida a un narcotraficante como una forma de pago de deuda. Al día siguiente, la llevaron a trabajar en la calle y ahí empezó a darse cuenta que las cosas no eran como se las habían prometido: primero que todo, le asignaban tanto los lugares donde trabajaba como los clientes y si se negaba era golpeada. Ganaba un aproximado de 100.000 pesos colombianos por cliente, de los cuales debía pagar 80.000 al narco ya que él era el que la proveía de las necesidades mínimas de vida; cuando no los reunía, era golpeada. Estaba amenazada de muerte al igual que toda su familia si denunciaba el caso a la policía.

Manuela era obligada a trabajar en promedio diez horas al día. Un día normal de trabajo uno de los clientes estaba muy drogado y la golpeo tanto que la mando directo al hospital. Para ponerle fin a su desesperada situación, nos cuenta la victima que acudió a la Policía Nacional colombiana (PNC) donde denunció su caso y recibió la asistencia legal para regresar a su vida cotidiana.

Preguntas realizadas:
- Edad: 26 Años
- Nivel de Estudios: Universitario incompleto
- Estado Civil: Casada
- Número de Hijos: 2

---

[40] Los datos personales fueron cambiados por seguridad de la víctima.

- Lugar de procedencia: Occidente de Colombia
- Trabajo antes del viaje: Ayudante del servicio de una escuela.
- Motivo del viaje: Desempleo
- Método de reclutamiento: Oferta de trabajo como prostituta.
- País de destino: Colombia
- Empleo esperado: Prostituta
- Obligada a: Prostitución / pornografía
- Tipo de maltrato: Físico (golpes y Heridas) psicológico
- Ganancias: Deuda
- Cuanto tiempo duro: Un año cinco meses
- La cambiaron de país: No
- Tipo de amenaza: Contra su vida y la de su familia
- Como escapo: me llevaron al hospital por una fuerte golpiza que me propicio un cliente y en el hospital llamaron a la policía y denuncio el caso.
- Como regreso a su lugar de origen: La policía de la ciudad me traslado hacia mi casa después de hacer todas las averiguaciones pertinentes.
- Qué tipo de asistencia recibió: Jurídica, social, psicológica y médica.
- Como la ha ayudado el Estado colombiano: Después de ser regresadas a mi hogar, el gobierno no se ha pronunciado de ninguna forma, ni con ayudas ni tratamiento psicológico.

2. EL CASO DE CLAUDIA[41]:

3.

Claudia, una mujer ecuatoriana de origen indígena, recibió en su casa la invitación de unos supuestos empresarios colombianos para participar en una feria de modas que se llevaría a cabo en Bogotá, ya que ella estaba graduada de diseñadora de modas en su país. En la invitación le decían que pagarían el transporte, el hospedaje y la alimentación. Ella únicamente tendría que pagar un porcentaje del total de las ventas que hiciera durante la exposición de ropa.

Nuestra víctima aceptó la propuesta. Al llegar a Bogotá, dos hombres que la esperaban la trasladaron a una casa en la zona centro de la ciudad.

Una vez instalada, le hicieron saber que ella tenía una deuda por el monto de los pasajes y que no podría regresar sin cancelarla. Claudia fue obligada a trabajar como prostituta y la levantaban desde las 5:00 a.m. Cuando se despertaba tenía que ponerse a tejer ropita de niños para la venta y aproximándose las 6 de la tarde un hombre la recogía para llevarla a trabajar en las noches en bares nocturnos. Este hombre la vigilaba todo el tiempo y hacia las 12:00 a.m., la subía al vehículo, le quitaba todo el dinero y la llevaba a la casa donde debía descansar para posteriormente continuar tejiendo sacos para la venta.

Claudia recibía dos comidas al día y era golpeada constantemente. Los vecinos de la casa empezaron a

---

[41] Los datos personales fueron cambiados por seguridad de la víctima.

ver movimientos sospechosos en este lugar y decidieron avisar a las autoridades. Los hombres que retenían a la víctima se percataron de que su casa estaba siendo vigilada, por lo que decidieron huir del lugar dejándola sin sus documentos. Cuando la policía decide visitar la vivienda ya era demasiado tarde, porque los hombres estaban muy lejos. A Claudia se le brindo asistencia inmediata y después de pasar tres meses, con la ayuda de la misma se pudo capturar y posterior encarcelamiento de los delincuentes. Hoy Claudia está radicada en Bogotá, donde reside con su esposo.

Preguntas realizadas:
- Edad: 28 Años.
- Nivel de Estudios: Universitario completo.
- Estado Civil: Al momento de la comisión del delito (Soltera). En la actualidad (casada)
- Número de Hijos: 0.
- Lugar de procedencia: Ecuador
- Trabajo antes del viaje: Diseñadora de modas.
- Motivo del viaje: Oferta de trabajo.
- Método de reclutamiento: Engaño para un trabajo.
- País de destino: Colombia.
- Empleo esperado: Diseñadora de modas.
- Obligada a: Prostitución y trabajo forzado.
- Tipo de maltrato: Físico (golpes, heridas, quemaduras) psicológico.
- Ganancias: ninguna.
- Cuanto tiempo duro: 8 meses.

- La cambiaron de país: No.
- Tipo de amenaza: Contra su vida y la dejaron indocumentada.
- Como escapo: Descuido de los tratantes mientras eran vigilados por la policía.
- Qué tipo de asistencia recibió: Jurídica, social y psicológica, médica.
- Como la ha ayudado el Estado colombiano: Después de varios meses de trabajo se halló a los responsables y el gobierno me brindo residencia en el país al igual que la solución de mis papeles.

Anexos 2: Tabla de contenido de la legislación colombiana actual sobre la Trata de Persona:

LEGISLACIÓN DE COLOMBIA EN TRATA DE PERSONAS:

- Ley 985 de 2005. Por medio de la cual se adoptan medidas contra la Trata de Personas y normas para la Atención y Protección de las Víctimas de la misma.
- Ley 800 de 2003 - Ratificación Convención y Protocolo de Palermo.
- Ley 747 de 2002 - Castigar los distintos tipos de Trata.
- Ley 599 de 2000 - Castigar la Trata interna con fines de explotación sexual.
- Decreto 1974 de 1996 de Mujeres, Niñas y Niños

RATIFICACIÓN DE LOS PRINCIPALES INSTRUMENTOS INTERNACIONALES:

- DERECHO INTERNACIONAL DE REFUGIADOS.
- Convención sobre el Estatuto de los Refugiados 1951 del 10/10/1961.
- Protocolo sobre el Estatuto de los Refugiados 1967 del 04/03/1980.
- Convención sobre el Estatuto de los Apátridas 1954 del 30/12/1954

INSTRUMENTOS UNIVERSALES DE DERECHOS HUMANOS

- Protocolo Facultativo de la Convención para la

Eliminación de todas las Formas de Discriminación contra la Mujer 2000 (del 10/12/1999 - Firma).

- Convención para la Eliminación de la Discriminación Racial 1965 del 02/09/1981.
- Convención sobre los Derechos del Niño 1989 (del 28/01/1991 - en reserva).
- Protocolo Facultativo de la Convención sobre los Derechos del Niño Relativo a la Participación en Conflictos Armados 2000 (del 25/05/2005).
- Protocolo Facultativo de la Convención sobre los Derechos del Niño Relativo a la Venta de Niños, la Prostitución Infantil y la Utilización de Niños en Pornografía 2000 (del 11/11/2003).
- Convención Internacional sobre la Protección de los Derechos de todos los Trabajadores Migratorios y de sus familiares 1990 (del 24/05/1995).
- Convención de Naciones Unidas contra el Crimen Organizado Transnacional 2002 (del 04/08/2004).
- Protocolo de la Convención de las Naciones Unidas contra el Crimen Organizado. Transnacional para Prevenir, Suprimir y Sancionar la Trata de Personas, especialmente Mujeres y Niños 2002 (del 04/08/2004 - Reserva).

INSTRUMENTOS DE LAS AMÉRICAS SOBRE DERECHOS HUMANOS:

- Convención Interamericana para Prevenir y Sancionar la Tortura 1985 del 02/12/1998.

- Convención Interamericana para Prevenir, Sancionar y Erradicar la Violencia contra la Mujer (Convención de Belem do Pará) 1994 del 15/11/1996.
- Derecho internacional humanitario I Convenio de Ginebra 1949 del 08/11/1961. II Convenio de Ginebra 1949 del 08/11/1961. III Convenio de Ginebra 1949 del 08/11/1961. IV Convenio de Ginebra 1949 del 08/11/1961.
- I Protocolo Adicional de 1977 Relativo a la Protección de las Víctimas de los Conflictos Internacionales del 01/09/1993.
- II Protocolo Adicional de 1977 Relativo a la Protección de las Víctimas de los Conflictos sin Carácter Internacional del 14/08/1995.
- Estatuto de Roma de la Corte Penal Internacional 1998 del 05/08/2002

Preguntas del Oponente: Lissandra Suarez López:

1. ¿Por qué usted considera que es importante fomentar entre las victimas la necesidad de denunciar los hechos de violación?
2. ¿Cree usted que la sociedad civil en Colombia está en condiciones de librar una lucha en el campo de la prevención del delito de trata de personas?
3. ¿Cómo influye el machismo en la actitud pasiva que asume la sociedad colombiana ante los hechos de trata de personas?

1- La Odorología tiene por objeto de estudios todos los tipos de olores (naturales e industriales) mientras que la Odorología Criminalística tiene por objeto de estudio los olores humanos (naturales).

2- La Odorología tiene como finalidad la manipulación, creación y transformación de los olores para su industrialización y comerciabilidad, mientras que la odorología criminalística se limita a la identificación de olores en el lugar del suceso y su posterior comparación con la de los sospechosos para su identificación

Del Autor:

Lissandra Cecilia Suárez López: Jurista e investigadora colombiana. Licenciada en Derecho por La Universidad de La Habana. Actualmente se desempeña como investigadora asociada en proyectos relacionados con tendencias criminológicas en Colombia. Su línea de investigación fundamental se orienta hacia el estudio de la criminodinámica en Colombia y la victimización femenina.